LAURA ASHLEY · SCHLAFRÄUME

LAURA ASHLEY

Schlafräume

SUSAN IRVINE

Aus dem Englischen übertragen
von Jutta Fanurakis

BUSSESEEWALD
HERFORD

Englische Ausgabe:
Laura Ashley · Bedrooms

91 Clapham High Street
London SW4 7TA
Gestaltung: Mavis Henley
Lithos: Newsele Litho Ltd.

CIP-Titelaufnahme der Deutschen Bibliothek

Laura Ashley / Susan Irvin.
Aus d. Engl. übertr. von Jutta Fanurakis. –
Herford : Busse Seewald.
Einheitssacht.: Laura Ashley <dt.>
NE: Irvine, Susan [Mitarb.]; EST Schlafräume. –
1988
ISBN 3-512-00830-5

Deutsche Ausgabe:

Lektorat: Dieter Erb
Satz: Busse Druck, Herford
Druck und Buchbinderei: LEGO, Vicenza/Italien
ISBN 3-512-00830-5

Umschlagfotos: Ein Bett aus dem 19. Jahrhundert mit Tagesdecke (Vorderseite); Schlafzimmer eines Londoner Stadthauses (Rückseite oben links), Schlafzimmer im Kolonialstil in Williamsburg, USA (oben rechts), Schlafzimmer eines Hauses in der Picardie (unten links) und in Wales (unten rechts)

Inhalt

Vorwort

Dieses Buch will Ideen vermitteln, es ist ein Buch zum Darinherumblättern – es gibt keine Patentrezepte. Es stellt Dekorationsmöglichkeiten für Schlafzimmer vor und untersucht die Dekorationselemente Farbe, Stoffe und Möbel, mit denen man die verschiedensten Stimmungen erzielen kann. Was Sie nicht erfahren, ist, wieviel Meter Chintz Sie benötigen und wie Sie ihn verarbeiten müssen.

Viele der Schlafzimmer, die in diesem Buch gezeigt werden, wurden mit Stoffen aus Laura-Ashley-Kollektionen (»Home Furnishing« und »Decorator«) ausgestattet. Die ungeheure Vielfalt der Laura-Ashley-Entwürfe, die in den vergangenen Jahren entstanden sind – und die natürlich alle von einem spezifisch englischen Geschmack geprägt sind – wird viele Leser in Erstaunen versetzen. Uns allen sind die klassischen Streublümchenmuster und die Frische des rustikalen Stils vertraut, aber ganz und gar unerwartet sind die großartigen Reproduktionen der traditionellen Landhausmuster oder die Kopien der eigenwilligen, künstlerischen Entwürfe aus der Omega-Werkstatt.

Das erste Kapitel des Buches stellt kurz die Geschichte des Schlafzimmers dar: Der Leser erfährt, wie sich sein Aussehen und seine Funktion vom Mittelalter bis heute gewandelt haben. Das nachfolgende Kapitel konzentriert sich auf das Bett und darauf, wie man mit Kissen, Decken, Baldachinen und anderen Dekorationselementen die Stimmung des Raums verändern kann. Dann folgt der Hauptteil des Buches: eine Reihe von Kapiteln, von denen jedes einem bestimmten Wohnstil zugeordnet ist: dem rustikalen, dem Landhausstil, dem romantischen, den Stilen vergangener Epochen und dem urbanen Stil. Jedes Kapitel ist wiederum in drei Teile gegliedert: Zuerst wird versucht, die Atmosphäre des jeweiligen Stils einzufangen, dann wird untersucht, woher er kommt, und schließlich folgen Vorschläge, wie Sie selbst ihn verwirklichen können, angefangen bei den Tapeten, Stoffen, und Farben bis zu den dekorativen Details, den Möbeln und dem Bett selbst. Wie gesagt: das Buch soll Anregungen geben. Das Kapitel über das Schlafzimmer in verschiedenen historischen Stilarten ist etwas anders aufgebaut; es enthält Rekonstruktionen von Schlafzimmerausstattungen aus fünf verschiedenen Epochen und zeigt, wie ein Schlafzimmer in dem jeweiligen Stil aussehen könnte.

Dem Leser wird es eine Freude sein, in diesem Buch zu blättern. Schlafzimmer bieten einzigartige Dekorationsmöglichkeiten, und vielleicht regt das Buch des Lesers Phantasie an.

Danksagung

Mein Dank gilt Ian de Castello-Cortes für seine prägnanten und prompten Nachforschungen und für seine immense Hilfe beim Redigieren; Ann, Gordon und Karen Irvine, die mir ein riesiges Federbett im rustikalen Stil in einer entlegenen Gegend von Schottland zur Verfügung gestellt haben; Katherine Jeffery von der Firma Laura Ashley für alles; Sally Gritten, Brian Jones und Pauline Griffiths von der Firma Laura Ashley, die mir das nötige Background-Wissen über Stoffe vermittelt haben und Suzy Baring für ihre selbstverständliche Hilfe bei der Beschaffung von Detailaufnahmen; Jan Croot für die Bildbeschaffung; David Ross für seine hübschen Illustrationen; und vor allem meiner ständigen Beraterin Denny Hemming bei Weidenfeld & Nicolson, die das Projekt mit schöpferischer Phantasie und sicherem Urteilsvermögen inszeniert hat, und ihrem Zauberlehrling Lucy Baxter.

Aus der Geschichte des Schlafzimmers

Wir selbst haben noch sehr oft auf Strohsäcken gelegen, nur mit einem Leintuch zugedeckt oder mit rauhen Matten und mit einem guten runden Stück Holz unter dem Kopf statt einer Bettrolle . . . Dann, wenn der Herr des Hauses sieben Jahre nach seiner Eheschließung eine Matratze und ein mit Wollabfällen gefülltes Bett hatte und dazu einen Haufen Spreu, auf den er seinen Kopf legen konnte, glaubte er, er sei ebenso gut untergebracht wie der Lord in der Stadt.

Parson Harrisons Erinnerungen an das Durchschnittsbett
im England der Tudor-Zeit

Ein Blick zurück in die Antike

Unsere Ahnen schliefen auf Ballen von Tierhäuten und Moos, die nicht weit entfernt vom Laubhaufen des Igels waren, und in der Antike ruhte man auf Betten, die mit märchenhafter Pracht ausgestattet waren. Es ist überliefert, daß die Könige des Alten Testaments in »Betten aus Gold und Silber auf marmornen Fußböden« schliefen, und daß die bronzenen Betten assyrischer Potentaten von Edelsteinen strotzten. In den Gräbern der Pharaonen fand man Liegebetten aus Ebenholz mit Schmuckmotiven aus getriebenem Gold und Elfenbein, deren Füße die Form von Katzenpfoten oder Fabeltieren hatten. Diese Betten hatten keine Kopfbretter; man fürchtete, sie könnten den Sitz der Seele einengen. Statt eines weichen Kopfkissens benutzten die Ägypter halbmondförmige Kopfstützen aus Metall oder Stein, wie man sie von frühen Kulturen kennt.

Bei den Griechen und Römern war das Bett Mittelpunkt des gesellschaftlichen Lebens. Die griechische »Kline« war eine schmale, elegante Liege mit einer niedrigen Kopfstütze; man benutzte sie zum Essen, bei Gesprächen und zum Schlafen. Sie hatte ein dünnes Polster und war daher etwas weicher als das ägyptische Bett. Zum Zudecken verwendete man Decken; allerdings erfahren wir aus diversen Quellen, daß man sich in Attika nachts einfach in ein Stück Stoff hüllte, das tagsüber als Bekleidung diente. Unter den Kopf und unter die Füße legte man weiche Kissen. Der Geschmack der Römer war etwas luxuriöser; sie lagen auf Federpolstern und deckten sich mit seidenen Decken zu. Diese alten Kulturen erscheinen uns heute wie ein lang vergessener Traum. In Europa gerieten ihre Bräuche jahrhundertelang in Vergessenheit, und die Geschichte unseres heutigen Schlafzimmers begann im Mittelalter.

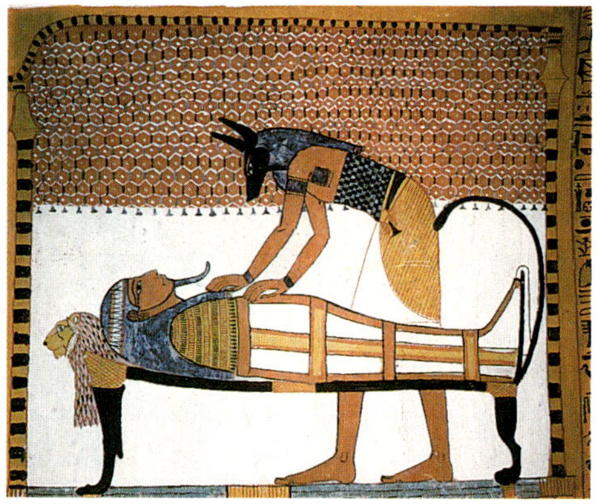

Die Betten, auf denen die alten Ägypter schliefen – und auf denen sie am Ende auch beerdigt wurden – sahen aus wie Phantasietiere. Die Beine waren nach realen Tierbeinen geformt und sollten – wenn die Zeit gekommen war – den Toten ins Jenseits tragen. Das hier abgebildete Bett hat die Form eines in die Länge gezogenen Löwen, die Oberfläche ist leicht konkav gewölbt und folgt damit der Ausbuchtung des Körpers, die harte Kopfstütze hat die Form einer Löwenmähne, und der Schwanz des Löwen ist ein kunstvoll gearbeitetes Fußbrett.

Die ersten Betten

Ursprünglich gab es statt des Schlafzimmers die Schlafkammer, und ganz zu Anfang eine Art Schlafkoje. Meist war jedoch die Schlafgelegenheit so primitiv, daß das Leben einem ständigen Zeltlager glich. Im Mittelalter lebte der angelsächsische Lord mit seinen Kriegern und Vasallen tagsüber in der Great Hall, einem großen, scheunenartigen Raum, der einen offenen Dachstuhl hatte, so daß der Rauch des offenen Feuers, das in der Mitte der Halle brannte, durch eine Öffnung im Dach abziehen konnte. Nach den abendlichen Trinkgelagen mit ihren Zechkumpanen an langen Tafeln, die auf Bockgestellen ruhten, schliefen die Krieger an Ort und Stelle. Meist lagerten sie sich – in ihre Mäntel gehüllt – rund um das Feuer, wobei die Füße zum Feuer zeigten, oder sie warfen ihre strohgefüllten Matratzen auf die Bänke, die entlang der Wände aufgestellt waren. Die Bediensteten mußten sich – und das noch jahrhundertelang – mit den schlechtesten Schlafgelegenheiten zufriedengeben; sie schliefen in den Ecken oder bei den Tieren im Stall, wo sie sich tief ins Heu kuschelten. Der Herr und die Herrin des Hauses zogen sich in ihre hölzerne Schlafkoje zurück, die von der Great Hall abgetrennt war. Decken und Laken waren meist aus grobem Baumwoll- oder Hanfgewebe. Nur die sehr Reichen konnten sich Leinen- und feine Wollgewebe leisten.

Die Entwicklung des Kamins im 14. Jahrhundert brachte mehr Wärme in die Häuser der Wohlhabenden und ermöglichte die Beheizung kleinerer, intimerer Räume; man schlief seither in »Kammern«. Das Wort »Schlafkammer« wird 1265 zum erstenmal erwähnt, ist aber erst im 16. Jahrhundert in den allgemeinen Sprachgebrauch übergegangen. In diesen Kammern schlief man jedoch nicht allein. Die mittelalterliche Sitte, zwei oder mehr Personen in einem Bett unterzubringen, erscheint uns heute kurios. Sie war auch keineswegs auf das Mittelalter beschränkt. Die Kinder der Tudors wurden meist in einem einzigen Bett verstaut, selbst wenn sie schon fast erwachsen waren. Der Chronist John Aubrey berichtet, daß Sir Thomas Morus drei Töchter, die von legendärer Schönheit waren, noch im heiratsfähigen Alter in einem einzigen Rollbett in der Schlafkammer ihres Vaters schliefen. Das Rollbett war ein flaches Bett auf Rädern, auf dem die Bediensteten zu Füßen ihrer Herrschaft schliefen; tagsüber verschwand es unter dem Vierpfostenbett.

Es wird allgemein angenommen, daß man im Mittelalter im Bett kein Nachtgewand trug, obwohl es Gemälde gibt, auf denen Schlafende in einem dünnen Gewand und mit einer Haube auf dem Kopf dargestellt sind. Mönche dagegen schliefen in ihren Gewändern. Die Bettvorschriften des Bischofs Hugo Gratianopolitanus schrieben vor, daß sie ihre Stiefel auszuziehen hatten, aber die übrige Kleidung einschließlich der Strümpfe anbehalten mußten.

Im Mittelalter wurde das Bett mehr und mehr zu einem wichtigen Möbel, das man mit Schmuckelementen ausstattete. Die Kopf- und Fußbretter wurden mit Schnitzereien verziert, und die Tagesdecken wurden bestickt. Die ersten mittelalterlichen Betten waren rechteckig und solide; bei besseren Ausführungen war ein Brett am Kopfende angebracht, auf das man eine Kerze stellen konnte. Charakteristisch für das mittelalterliche Bett war die enorme Anzahl von Kopfkissen. Es scheint, als hätte man beim Schlafen aufrecht im Bett gesessen. Die kalten Steinwände der Schlösser wurden mit lose drapierten Tapisserien verkleidet, um die Schlafenden vor der Eiseskälte zu schützen. Außerdem schmückten die Tapisserien in satten, leuchtenden Farben die Räume mit Jagdtableaus – Szenen aus der Falkenjagd oder biblischen Darstellungen – vor einem Hintergrund aus pflanzlichen Motiven – Blüten, Vögeln und wilden Tieren. Damit begann die wohnliche Gestaltung der mittelalterlichen Schlafkammer.

Außer dem Bett gab es nur noch einen Hocker, der mit Zapfverbindungen zusammengefügt war und eine oder zwei Truhen für die Kleider und das Bettzeug. Diese Truhen waren überaus praktisch für die adlige Familie, die das Jahr über von einem Landsitz zum anderen unterwegs war. Fast könnte man sagen, daß man im Mittelalter ständig aus dem Koffer lebte.

Für die Armen änderten sich jedoch die mittelalterlichen Lebensbedingungen bis ins 19. Jahrhundert hinein wenig. Die meisten Cottages bestanden aus nur einem einzigen Raum, der ähnlich wie die Great Hall, einen offenen Dachstuhl hatte, damit der Rauch abziehen konnte. Wenn es hoch kam, gab es am Ende des Raumes eine Schlafnische, die durch einen Vorhang in Kopfhöhe vom übrigen Raum abgetrennt war. Seit der Erfindung des Kamins in der Tudor-Epoche erübrigte sich der offene Dachstuhl in der Great Hall. Es wurden Decken eingezogen, um die Wärme in den Räumen zu erhalten, und daraus ergab sich ein zusätzliches Geschoß direkt unter dem Dach. Zum Schlafen begab man sich über eine kleine Wendeltreppe oder eine Strickleiter zum Schlafplatz auf dem Dachboden. Im 17. Jahrhundert waren die Dachböden bereits in Schlafkammern aufgeteilt, die selbst in den großen Häusern ohne Korridor aneinandergereiht waren. Die ärmsten Tagelöhner schliefen jedoch weiterhin in ihren primitiven einstöckigen Cottages mit dem rauhen Lehmfußboden und ließen ihre Tiere der Wärme wegen nachts häufig im gleichen Raum schlafen.

Ein Buntglasfenster aus dem 16. Jahrhundert zeigt Tobias und Sarah, die nebeneinander im Bett liegen, mit einer prächtigen Brokatdecke zugedeckt. Sie tragen eng anliegende Nachthauben, und am Boden liegt ein Paar Hausschuhe an der Stelle, wo sie abgesstreift wurden. Die schweren, dunkelroten Vorhänge sollten die Gesichter der Schlafenden vor Zugluft schützen. Zusätzliche Vorhänge sind nach oben gezogen und hängen als birnenförmiges Bündel von der Decke herab, können aber geschlossen werden, wenn die Nächte zu kalt sind. Die Ausstattung mit Stoffen ist reich, Möbel gibt es nur wenige: Einfache Holzbänke stehen am Fuß- und Kopfende des Bettes; eine einzige Kerze steht bereit, sie wird morgens an der noch glühenden Asche angezündet, damit Licht in den kalten Wintermorgen kommt.

OBEN: *Der Baldachin über einem Stuhl bezeichnete ursprünglich den Rang der Person, die darauf sitzen durfte. Der hier abgebildete Great Throne in der Langen Galerie von Hardwick Hall demonstriert sehr eindrucksvoll die herrscherliche Bedeutung des Baldachins.*

RECHTS: *Ein Blick in das Innere des Prunkbettes in Calke Abbey zeigt die prachtvolle Stickerei des Baldachins. Derartige Betten waren unvorstellbar teuer. Nur die erlesensten Stoffe wurden verwendet, und die Stickerei bestand aus echten Gold- und Silberfäden. Die allerkostbarsten Prunkbetten hatten bis zu acht Matratzen – wie in dem Märchen von der* Prinzessin auf der Erbse. *Darauf lagen mehrere luxuriöse Federbetten, damit das Bett besonders warm und weich war. Je höher das Bett, desto höher der Status.*

Der Aufstieg des Bettes

Im 13. Jahrhundert – mit dem Erscheinen des Baldachins – wurde das Bett zum rituellen Objekt erhoben. Bettvorhänge hatten einen praktischen Zweck; sie sollten den Schlafenden vor Kälte und Zugluft in den schlecht beheizten Räumen schützen. Aber die ursprüngliche Bedeutung des Baldachins oder des Betthimmels war eine andere, er sollte den Rang und die Macht seines Besitzers symbolisieren. Ursprünglich war der Baldachin Königen und Staatsmännern vorbehalten.

Bis ins 17. Jahrhundert hinein waren Stühle sehr seltene Möbelstücke und bedeuteten etwas Ähnliches wie ein Thron – sie wurden nur vom Herrn des Hauses oder einem sehr vornehmen Gast benutzt. In adligen Häusern stand ein Stuhl am Fußende des Bettes in der Great Chamber, der Schlafkammer des Hausherrn, die gewöhnlich direkt in die belebte Haupthalle des Hauses führte. Hier empfing der Hausherr hochrangige Gäste, und von hier aus erledigte er auch seine Geschäfte. Es war eine logische Entwicklung, daß der Schmuckbaldachin schon bald vom Stuhl auf einen Gegenstand übertragen wurde, der ein weit größeres Bedeutungspotential für Auszeichnung und Würde hatte – nämlich auf das Bett. Infolgedessen wurden eckige und runde Baldachine über der Bettstatt angebracht. Sie waren nicht – wie beim späteren Vierpfostenbett – am Rahmen des Bettgestells befestigt, sondern hingen an Ketten oder Seilen von der Decke herab und waren daher leichter zu transportieren. Anfangs waren es simple aber imposante Gebilde, die vollkommen mit Stoff überzogen waren. Scharlachrot war die bevorzugte Farbe für Bettvorhänge, hochwertiges Kammgarn das bevorzugte Material, das am besten die Wärme hielt. Im Laufe des 14. Jahrhunderts entwickelte sich allmählich das vertraute Vierpfostenbett. Damals sah es allerdings etwas anders aus; es hatte anfangs nur zwei Pfosten am Fußende und ein hohes Kopfbrett, auf dem das Kopfende des Baldachins ruhte. Gelegentlich wurde das Bett sogar auf Reisen mitgeführt, denn das Reisen in dieser Zeit war eine abenteuerliche Angelegenheit. Nicht jeder Gasthof hatte ein Bett für den Gast, und selbst wenn er eins hatte, mußte man damit rechnen, daß es voller Ungeziefer war. Meist reiste man mit einem sogenannten »trussing bed«, das zusammenlegbar war.

Einer von der Statur von Richard III. jedoch schickte – wie sein Biograph Roger Twysden berichtet – einen Troß Bediensteter voraus, die am Vorabend der Schlacht von Bosworth sein liebstes Vierpfostenbett im Gasthof *The Blue Boar* in Leicester aufschlagen mußten. Er schlief zwar in jener Nacht in seinem Bett, aber es war seine letzte, denn er wurde in der Schlacht getötet. Und so begann mit Heinrich VII. die Tudor-Epoche. Das Bett stand hundert Jahre lang im besten Zimmer des *Blue Boar* und zog viele Besucher an. Die Gäste, die in diesem Zimmer übernachteten, ahnten allerdings nicht, daß sie auf etwas viel Aufregenderem als auf dem Bett von Richard III. schliefen. Das Geheimnis des Bettes wurde erst von der Wirtin des Hotels zur Zeit von Elisabeth I. entdeckt. Als sie das Federbett aufschüttelte, bemerkte sie, daß eine Goldmünze über den Boden rollte. Sie erfaßte die Situation sofort und untersuchte die Bettlade. Das Bett hatte einen doppelten Boden, und der Zwischenraum war mit Münzen aus reinem Gold gefüllt. Es gibt wohl kaum einen sichereren Ort zum Schlafen als das Versteck eines Goldschatzes!

Nach dem Tod Richards III., der sein Bett als Schatztruhe verwendete, begann das Goldene Zeitalter der Bettkammer, das das ganze 16. und 17. Jahrhundert andauerte. In dieser Zeit entwickelte sich das Bett selbst zu einem Schatz von erlesener Pracht.

Das Schlafzimmer des Königs in Arundel Castle. Bis weit ins 18. Jahrhundert hinein war das Prunkschlafzimmer der wichtigste Raum eines Hauses. Ludwig XIV. trieb diesen Gedanken auf die Spitze; im Mittelpunkt des höfischen Lebens von Versailles stand das Levée und das Couchée des Sonnenkönigs. Anwesend durften nur diejenigen Höflinge sein, die in der Gnade des Königs am höchsten standen. Die Reihenfolge, in der sie sich durch die enfilade *von Räumen dem königlichen Schlafzimmer nähern durften, wurde durch ihren Rang bestimmt.*

Das heroische Zeitalter der Schlafkammer

Bevor wir jene prunkvollen, herrschaftlichen Betten näher betrachten, sollten wir uns klarmachen, welche Unsummen sie verschlangen. Textilien gehörten zum größten Luxus, den man sich leisten konnte, bevor Sir Richard Arkwright im 18. Jahrhundert den mechanischen Webstuhl erfand. Heute halten wir Seidensamt und Brokat vielleicht für teuer – damals waren solche Stoffe viel, viel teurer.

Sieht man einmal von der elisabethanischen Zeit ab, als auch das Bettgestell mit kostbarem Dekor versehen wurde, so waren es allein die Textilien, die dem Bett sein prunkendes Aussehen verliehen und es zum aussagekräftigen Symbol von Reichtum und Privilegien machten. In einem großen Haus war es durchaus möglich, daß das Prunkbett, wie man es im 17. Jahrhundert nannte, soviel kostete wie die gesamte übrige Einrichtung. Auch auf niedrigerem Niveau war das Preisverhältnis von Textilien zu den übrigen Haushaltsgegenständen ähnlich. Im Nachlaßverzeichnis von Andrew Smythe, einem Grundbesitzer, der 1557 starb, wurden seine sieben Acres (2,83 ha) Land, die mit Wintergetreide bestellt waren, mit £2 6s bewertet, während seine »8 Garnituren Bettwäsche« – eine Anzahl, die ihn als wohlhabend ausweist – mit 12s eingestuft wurden, also mehr als ein Viertel seines gesamten Land- und Getreidebesitzes wert waren. Und das bezieht sich nur auf die Bettwäsche. Einhundert Jahre später, also 1651, wurde das Bett von Karl I. mit »grünem bestickten Satin« mit £ 1000 bewertet, seine Raffael-Zeichnungen mit £ 300.

Wie sahen diese Prunkbetten aus? Sie waren zum Teil auffallend groß. Für seine Hochzeit mit Isabella von Portugal ließ Philipp der Gute eine Brautkammer mit einem Bett von 18 ft (5,49 m) Länge und 12 ft (3,66 m) Breite herrichten. Bis zur Mitte des 17. Jahrhunderts war die Konstruktion des Bettgestells verhältnismäßig einfach, es war jedoch häufig mit reichem Schnitzdekor versehen. Die einfache Konstruktion wurde durch die aufwendige Dekoration ausgeglichen; die Bettverkleidung, die bis auf dem Boden reichte, war mit üppigen Volants und mit Gold- oder Silberborte geschmückt; die Bettvorhänge waren aus Seidensamt oder Brokat, aus schwerem, gepreßtem oder gemustertem Samt, aus Tapisserien oder aus farbigen Kammgarnstoffen, die mit Gobelin- und anderen kostbaren Stickereien oder Krüwelarbeit über und über bedeckt waren. Ein Bett, daß 1490 für Beatrice d'Este anläßlich der Geburt ihres Sohnes angefertigt wurde, war eine kühne Kombination von Scharlachrot, Maulbeerfarben und Gold. Auch hier kam die pompöse Wirkung vor allem durch die lebhaften Farben und die opulente Dekoration zustande.

Die Räume, die derartige Betten zierten, waren – besonders im 16. Jahrhundert – außerordentlich sparsam möbliert, dafür aber reichlich mit Textilien in lebhaften Farben ausgestattet. Eine schriftliche Quelle von 1580 berichtet, daß das Schlafzimmer des Königs in Arundel Castle – das wahrscheinlich nicht gerade ärmlich ausgestattet war – ein Bett, einen Tisch und den unentbehrlichen *great chair* enthielt. Nach dem Bett war das zweitwichtigste Ausstattungselement der Wandbehang. Er war zuweilen aus dem gleichen Stoff wie die Bettvorhänge, aber auch Tapisserien und geprägtes Leder mit Golddekor wurden verwendet. Elisabethanische Schlafkammern waren dagegen meist mit stuckierten Decken und Wandvertäfelungen mit üppigem Schnitzdekor ausgestattet, der mit einer glänzenden Farbschicht in leuchtenden Farben überzogen war. Durch die kleinen Fensterscheiben mit den aufgemalten Wappen fiel farbiges Licht, das die Farbenvielfalt noch vermehrte. So wirkte der Raum wie ein farbenprächtiges Mosaik aus phantastischen Mustern und Darstellungen, die im Raum eng aufeinanderstießen.

Die einfache Schlafkammer

Wie sah die gewöhnliche Schlafkammer im Vergleich mit all dieser Pracht aus? In einem Inventar, das 1558 in Lambeth Palace aufgestellt wurde, heißt es, »die Schlafkammer von Richard, dem Verwalter der Küchenvorräte« enthält »Eine Lage Stroh. Eine Matratze. Ein Federbett mit Kopfrolle. Eine Garnitur Bettwäsche. Eine Tapisserie-Bettdecke. Ein kleines Brett auf Bockgestellen.« Er besaß keine Wandbehänge – also war er arm. Denn die weniger Wohlhabenden bedeckten ihre Wände mit bemaltem Stoff, wenn sie sich keine Tapisserien leisten konnten. Trotzdem besaß Richard eine Matratze, aber keine Decke und keine Möbel außer einem kleinen Tisch. Er liebte eben die Bequemlichkeit.

Einfache Cottages hatten weder Fenster noch »Bullaugen«, sondern eine einfache Öffnung, die man mit einem Korbweidengeflecht abdecken konnte. Es ließ wenig Licht herein und hielt nur die schlimmste Kälte ab. Wäre Richard ein höher gestellter Dorfbewohner gewesen, hätte er in seiner Schlafkammer eine Fensterscheibe aus altmodischem, poliertem Horn, aus geöltem Papier oder Leinen gehabt, durch die das gedämpfte Tageslicht hereingedrungen wäre.

Die Lebensbedingungen der Kleinstadtbewohner verbesserten sich jedoch ständig, und zur Zeit von Elisabeth I. war das »beste Bett« im Hause eines Grundbesitzers ein bequemes und schlichtes Vierpfostenbett, so wie es William Shakespeare seiner Frau Anne Hathaway hinterlassen hat.

Das Schlafzimmer im 17. Jahrhundert

Wie bereits im 16. Jahrhundert, trug man im Bett ein Nachtgewand. Die Frauen behielten nachts die Unterkleider oder Leinenhemden an, die zu ihrer Unterwäsche gehörten, während die Männer Nachthemden aus Leinen trugen. Zuweilen waren diese Kleidungsstücke sogar bestickt. Nur der Kopf schaute aus den warmen Decken hervor und mußte mit einer Nachthaube aus Leinen und Spitze geschützt werden. Die wärmere Version war gefüttert und gesteppt. Morgenmäntel waren luxuriöse Hüllen aus Brokat oder Samt mit Pelzbesatz.

Heizung und Beleuchtung änderten sich wenig vom 16. bis zum Ende des 18. Jahrhunderts. Gegen Ende des 17. Jahrhunderts gab es in vielen Schlafkammern einen Kamin. Wenn seine Heizkraft nicht ausreichte, wurde er durch ein kleines Kohlebecken mit glühender Holzkohle ergänzt. In elisabethanischer Zeit verbrannte man Kiefernzapfen, um mit dem Duft die Luft des Raumes zu parfümieren. Die eiskalten Füße wärmte man über einem Kohlebecken mit glühender Holzkohle, das unter den Fußschemel gestellt wurde. Auch die Lockenscheren erhitzte man über kleinen Holzkohlebecken, die auf dem Frisiertisch standen. Die Bettlaken wurden schnell feucht und mußten ständig gelüftet werden; kupferne Bettpfannen, mit glühender Holzkohle gefüllt, wärmten die Betten und versengten gelegentlich die Bettwäsche.

Im Laufe des 17. Jahrhunderts füllte sich das Schlafzimmer allmählich mit Möbeln. An der Wand entlang standen Stühle, während das Bett ungeniert in den Raum hineinragte. Um 1650 erschienen die ersten Frisiertische. Sie waren mit einem Tischteppich bedeckt, über den man eine Leinendecke legte. Auf dem Frisiertisch standen Spiegel, Kästchen, diverse kleinere Objekte und ein Wasserkrug nebst Waschschüssel. Auf den Stühlen lagen Kissen mit üppigen Quasten.

Während das Leben der Könige von Frankreich zum öffentlichen Schauspiel hochstilisiert wurde, zog auch das Leben der Armen die Aufmerksamkeit der Öffentlichkeit auf sich. Der arme Poet auf Hogarths Bild The Distressed Poet *schläft in der Ecke einer kleinen, vollgestopften Dachkammer; die kargen Vorhänge, die seitlich am Bett herunterhängen, gestatten nur ein Minimum an Intimität. Vielleicht finden wir sogar Gefallen an der honigfarbenen Traulichkeit des verwinkelten kleinen Raumes – aber das war nicht der Eindruck, den Hogarth beabsichtigte.*

Nach dem reichen Schnitzdekor an Pfosten, Fuß- und Kopfbrettern in der elisabethanischen Epoche nahm das Bett allmählich die klassische, kastenartige Gestalt an, wie wir sie aus dem 17. Jahrhundert kennen. Es wurde vollkommen mit Stoffbahnen verkleidet, und jeder Pfosten war von einer geschnitzten Fiale bekrönt, auf der zuweilen noch ein Federbusch prangte. Die Zugluft an den Ecken wurde durch zusätzliche, schmale Vorhänge von den Schlafenden ferngehalten, häufig wurden auch die Bettvorhänge mit Bändern an den Pfosten befestigt.

Das Schlafzimmer diente außer zum Schlafen auch als Wohnzimmer. Im 17. Jahrhundert waren die Funktionen der Räume nicht so strikt geteilt wie im darauf folgenden 18. Jahrhundert – ein Brauch, der heute wieder in Mode gekommen ist. Es gab Schlafzimmer, in denen man Freunde empfing, vor allem zum morgendlichen »Levée«, das für die Damen Anlaß zum Plaudern und gemeinsamen Nähen war. Es gab auch Empfangsräume – besonders auf dem Kontinent – in deren äußerster Ecke ein Bett stand, dessen Vorhänge bei Tage, wie beim Theater, zugezogen waren. Einem Empfangszimmer folgte ein zweites, gewöhnlich ohne Verbindungsgang, und das Schlafgemach hatte zuweilen direkten Zugang zum Gesellschaftszimmer oder zur Halle.

In der zweiten Hälfte des 17. Jahrhunderts haben zwei Entwicklungen die Dekoration des Schlafzimmers stark beeinflußt. Die erste war die Einführung von Schiebefenstern, die im Vergleich zu den bisherigen Fenstern größere Scheiben hatten. Sie wurden zum erstenmal um 1640 in Paris verwendet. Die zweite war die dekorative Gestaltung der Fenster. Ein Fenstervorhang war bis dahin nichts weiter als ein Sonnenschutz, der durch Fensterläden ergänzt wurde. Doch nun kamen geteilte Vorhänge in Mode, die gleichzeitig eine symmetrische Dekoration der Fenster darstellten. In den neunziger Jahren des 18. Jahrhunderts kamen Raffrollos zum Hochziehen mit dekorativen Holzschabracken in Mode.

Auf einem französischen Gemälde, das kurz vor 1800 entstand, erkennt man die in Mode gekommene »en suite«-Dekoration, das heißt, das Dekorationsschema wurde auf den gesamten Raum ausgedehnt. Die Dekoration des Bettes aus schwerem rotem Samt und Goldfransen, wiederholt sich an der Tischdecke und an der Polsterung der hochlehnigen Stühle. Die Straußenfedern, die zu Büscheln angeordnet, die kastenförmigen Vierpfostenbetten bekrönen, waren eine kostspielige, exotische Dekoration. Noch immer bedeckten Tapisserien die Wände, sie wurden häufig nach den Maßen der Räume angefertigt. Bilder und Spiegel wurden mit Nägeln an die Wand geschlagen, ohne Rücksicht auf die Tapisserien; es störte auch niemanden, daß dadurch Teile der Darstellungen auf den Tapisserien verdeckt wurden.

Auch durch den Einfluß von Daniel Marot, dem Architekten von Wilhelm von Oranien, änderte sich das Gesicht des Schlafzimmers, und die Form des Bettes wurde gefälliger. Er entwarf Betten mit bewegter, barocker Umrißlinie und mit reichem Schnitzdekor, der an allen vier Ecken in schwungvollen Bögen auslief. Diese Betten waren ungewöhnlich hoch; der Earl of Leicester besaß ein Bett, das wahrscheinlich von Marot stammte und das 4,57 m hoch war. Bettverkleidungen waren nicht mehr schmucklos und gerade sie wurden mit Festons und Rüschen, Quasten und Bändern verziert, die den Stil des 18. Jahrhunderts vorwegnahmen. Marot verwirklichte auch seine Idee, den Raum als Einheit zu dekorieren. Bisher hatte man schon vereinzelt für die Polsterung von Hockern und Stühlen den gleichen Stoff verwendet wie für die Bettdekoration. Marot führte seine Idee noch konsequenter durch; er führte den Lambrequin des Bettbaldachins über die Fenster und über alle Wände des Raumes weiter. Außerdem verwendete er für das Bett, die Wandbehänge und die Polsterungen den gleichen Stoff. Das Schlafgemach verriet nun die ordnende Meisterhand des Innenausstatters.

Neuheiten und Capricen

Das 18. Jahrhundert war eine recht kapriziöse, feminine und unkonventionelle Zeit, was sich auf die Innenausstattung und besonders auf die Dekoration des Schlafzimmers auswirkte.

Der neue Stil kam aus Frankreich. Die Dekoration des Schlafzimmers wurde nicht nur durch die architektonische Hülle bestimmt, sondern ebenso sehr durch die Stoffe, die Polsterungen und später auch durch die Tapeten. Man konnte also ohne großen Aufwand die Dekoration eines Raumes vollkommen verändern – was auch häufig geschah. Es war das Zeitalter der Draperien, der Schleifen, der Girlanden, der Seidenrosetten und der kurzlebigen Launen und Modeerscheinungen, zu denen auch das Rokokoschlafzimmer aus Porzellan und die Chinoiserie gehörte.

Im 18. Jahrhundert waren Draperien nicht mehr vorwiegend funktionelle Elemente. Es entstand eine ungeheure Vielfalt neuer Dekorationsformen für Betten und Schlafzimmer. Es gab sogar drapierte Vorhänge, die sich – wie dieser französische Entwurf zeigt – nicht einmal schließen ließen. Die neue Mode schrieb vor, daß das Bett, von Draperien elegant umrahmt, in einer Nische zu stehen hatte, damit genügend freier Raum blieb, denn es hatte sich eingebürgert, daß man private Gäste ganz zwanglos im Boudoir empfing. Statt der eindrucksvollen, prunkenden Dekorationen bevorzugte man jetzt leichtere Draperien aus hübschen Chintzen, Baumwollstoffen, Seide und Satin. Die Wände schmückten Tapeten, die mit zarten, floralen Mustern, Chinoiserie-Motiven oder Szenen aus dem alten China bemalt waren. Die hellen Holzvertäfelungen waren mit feinen, plastischen Stuckornamenten geschmückt, die in Gold, blassem Blau oder Pink gehöht waren.

Zum erstenmal gab es Möbel, die speziell für das Schlafzimmer entworfen wurden. Kleine Trittleitern für das Bett gab es zwar schon im 17. Jahrhundert, neu waren die Nachttische – die Vorläufer unserer Nachttische – mit einem geschlossenen Fach für den Nachttopf; neu waren auch Waschtische, Ständer für die Waschschüssel und Frisiertische, die mit zarten Spitzendraperien verkleidet wurden.

Gegen Ende des Jahrhunderts wurde das Schlafzimmer nach oben verlegt, weg vom *piano nobile,* dem repräsentativen Stockwerk, in dem die offiziellen Empfänge stattfanden. Zu Beginn des 19. Jahrhunderts war das Schlafzimmer bereits von allen Aktivitäten in den unteren Stockwerken des Hauses abgetrennt und zu einem äußerst intimen Ort geworden.

Um die Mitte des 19. Jahrhunderts füllte sich das viktorianische Schlafzimmer allmählich mit Möbeln und allem möglichen Zubehör: Uhren, Lampen, Spiegel, Bürsten- und Flaschengarnituren wurden auf Kaminsimsen und Toilettentischen angehäuft. Mehr und mehr Möbel füllten den Raum und umstanden das obligatorische Halbhimmelbett und die Chaiselongue, und wohin man auch blickte, sah man dichte Muster, die sich gegenseitig bedrängten.

Vom viktorianischen Zeitalter bis heute

Es war das Zeitalter der »Neo«-Nachbildungen par excellence, Neo-Gotik, Neo-Renaissance, Neo-Barock und Zweites Rokoko. Doch trotz des Stilmischmaschs entstand ein typisch viktorianischer Stil. Lady Baker drückte das in ihrem 1878 erschienenen Buch *The Bedroom and the Boudoir* so aus: »Unordnung ist eine mächtige Waffe in der Hand einer Person, die es versteht, einen Raum wohnlich zu gestalten.« Das Aussehen eines viktorianischen Raumes könnte man mit »dekorativem Durcheinander« umschreiben. Die Wohnzimmer waren mit Ornamenten überladen; das *Schlafzimmer* – das sich nach einigen Jahrhunderten aus der *Schlafkammer* entwickelt hatte – war zu einem sehr privaten Refugium geworden und wurde mit persönlichen Erinnerungsstücken angefüllt. Seine Atmosphäre war traulich und intim. Das Liegebett, das im 18. Jahrhundert in dem kleinen privaten Wohnzimmer direkt neben dem Schlafzimmer stand und zur Konversation einlud, war zur Chaiselongue geworden und stand am Fußende des Bettes. Ella Rodman Church bezeichnete die Chaiselongue in ihrem Ausstattungsbuch aus dem 19. Jahrhundert als »Notwendigkeit« und propagierte einen »niedrigen Sessel... auf dem man im Morgenmantel und mit aufgelöstem Haar vor dem Feuer ausspannen kann«. Daraus entwickelte sich wahrscheinlich der sogenannte »Slipper chair«, dieser bequeme viktorianische Schlafzimmerstuhl mit gepolsterter Rückenlehne, eingezogenen Knöpfen und gefälteltem Stoffbehang, in den man sich wie in einen Kokon einkuscheln konnte.

Außerdem gab es in jedem Schlafzimmer einen Waschtisch mit Wasserkrug und Waschschüssel, eine Kommode, einen Kleiderschrank und einen Frisiertisch, der zuweilen mit einem Spitzenläufer dekoriert war. Wandschirme wurden teils als Dekoration, teils als Raumteiler verwendet. Der Raum war vollständig mit Teppich ausgelegt, darüber lag ein Läufer vor dem Kamin und vor dem Bett. Blumentöpfe standen in Jardinièren, Bilder und Stiche hingen dicht nebeneinander an der Wand, die Tapete hatte entweder eine dunkle Farbe, ein dichtes Muster oder ein helles Streublümchenmuster.

Himmelbetten von beachtlicher Größe und uneleganter Solidität, die man »arabische« Betten nannte, wurden – mit einer bis ins Komische gesteigerten Leidenschaft für Drapierungen – in Schwaden von dunklem Samt gehüllt, mit Borten verziert, die so dick wie ein Strohdach waren und mit riesigen baumelnden Quasten versehen. Doch allmählich wurden diese Betten von den erdrückenden Draperien befreit oder von spartanischen »Gesundheitsbetten« aus Messing und Gußeisen mit sportlichen Sprungfedermatratzen verdrängt. Diese neue Errungenschaft wurde als Schlag

gegen die Wanzen ebenso begrüßt wie wegen ihrer größeren Bequemlichkeit und Elastizität im Vergleich zu den altehrwürdigen federgefüllten Liegepolstern.

Gegen Ende des Jahrhunderts kamen auch das geniale Durcheinander und die kräftigen, dunklen Farben des viktorianischen Schlafzimmers aus der Mode. Carl Larsson, der große Protagonist jener weißen, freundlichen Schlafzimmer mit den schlicht herabhängenden Vorhängen, schuf mit seinen Entwürfen einen Höhepunkt des skandinavischen Designs. Rustikale Einfachheit, wie sie die Arts-and-Crafts-Bewegung forderte, konkurrierte mit den intellektuell kühlen, weißen Möbeln der Glasgow-Schule und, etwas später, mit den Farbkombinationen der Moderne, den kraftvoll-aggressiven Statements in Schwarz/Weiß, in denen vereinzelt leuchtende Farbflecken aufblitzten.

In den dreißiger Jahren stand der erneuten Forderung nach Funktionalität der Hang zum Glamour gegenüber. Die Phantasiewelt von Hollywood bemächtigte sich der pompösen Art-Déco-Schlafzimmer in Schwarz und Pink mit den kurvierten Silhouetten der Betten und der extravaganten Ausstattung mit Spiegeln und Pelz und entwickelte diesen Stil auf der Leinwand weiter bis zum satinbezogenen Eskapismus jener Epoche. Daneben gab es in den dreißiger Jahren eine schlichtere, wirklichkeitsbezogene Richtung.

In den sechziger und siebziger Jahren hatte das Schlafzimmer in jeder Hinsicht verspielt. Es war keineswegs mehr mit dem grandiosen, repräsentativen Empfangsraum des 17. und 18. Jahrhunderts zu vergleichen. Es war auch nicht mehr die private Enklave der viktorianischen Epoche, der Ort, wo man sich vor den Kamin kauern und meditieren oder Briefe schreiben konnte. Es war einfach ein Ort, an dem man schnell zu Bett ging.

Glücklicherweise wird diese leidige Phase im Augenblick von einer neuen Auffassung abgelöst. Wir erleben zur Zeit eine Renaissance der Dekoration, voller Vitalität und Phantasie. Farben, Muster, Texturen, Borten und Bordüren, charaktervolle Möbel und schöne Betten gewinnen wieder an Bedeutung. Das Interieur ist wieder interessant geworden, und die Dekoration des Schlafzimmers bezieht erneut Anregungen von Stilarten vergangener Epochen. Ein Wendepunkt ist eingetreten, eine aufregende Zeit für Innenausstatter.

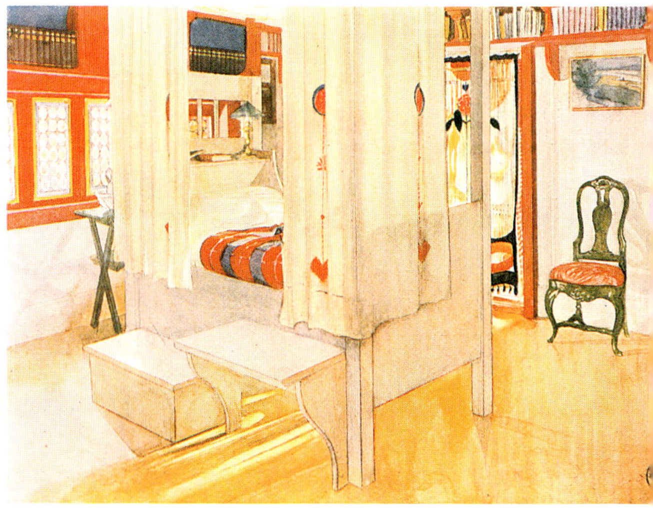

Das Schlafzimmer in Carl Larssons Wohnhaus ist von Licht durchflutet. Die Dekoration setzt Akzente in kräftigen Farben und kühnen Mustern. Das Mobiliar ist eine Mischung aus bodenständigen schwedischen Formen, internationalem Arts-and-Crafts-Design und – wie der Stuhl zeigt – einer ornamentefreudigeren Vergangenheit. Das Resultat ist ein freundlicher Modernismus und eine zeitgemäße Reaktion auf viktorianische Exzesse.

Die Ausstattung des Bettes

Wir marschieren in nördlicher Richtung an meinem Sessel vorbei und erreichen mein Bett, das am äußersten Ende des Raumes steht und einen überaus angenehmen Anblick bietet; die ersten Strahlen der Morgensonne kommen herauf und treiben ihr Spiel in den Bettvorhängen. Ich sehe, wie sie an schönen Sommertagen an der weißen Wand entlang langsam näher kommen, je höher die Sonne am Himmel steigt . . . sie werden auf mein Bett projiziert . . . und breiten sich in wunderschönen Farbkringeln aus . . . Ich gebe zu, daß ich diese süßen Augenblicke genieße . . . Gibt es ein Theater, das die Phantasie mehr anregt, oder das zärtlichere Ideen wachruft als dieses Möbelstück . . . ?

Xavier de Maistre, *Voyage autour de ma Chambre*

Das Kopfende eines Bettes kann zum Blickfang werden, wenn man ein wenig Phantasie auf die Dekoration verwendet. Ein Gitter aus Schmiedeeisen gibt dem Bett eine elegante Silhouette, und die einfache Stoffdrapierung, gehalten von drei kurzen, vorstehenden Konsolen an der Wand, gibt dem Arrangement eine weiche Note. Um das Ganze zu vervollständigen, kann man zusätzlich ein Bild über dem Kopfende aufhängen.

Das Bett sollte immer der Blickfang des Schlafzimmers sein, umwerfend dekorativ und überaus einladend. Wahrscheinlich ist es das größte Möbelstück, das man besitzt und dasjenige, das man am leichtesten verändern kann. Die Grundform des Bettes ist eine einfache Sache – eine Matratze auf einem Rahmen – über die man nicht lange nachdenken muß. Doch so ein Bett steckt voller Möglichkeiten. Um es völlig zu verändern, braucht man nur ein paar Meter Stoff. Stoffe sind der Schlüssel zu einem schönen Bett, denn das Bett ist ein Möbelstück, das es mehr als jedes andere verdient, durch eine besondere Ausstattung hervorgehoben zu werden. Da man wieder Interesse und Freude an der Dekoration gefunden hat, und an dem Vergnügen sich mit Geweben, Mustern, Texturen und Farben zu beschäftigen, ist der ideale Augenblick gekommen, den Reichtum der neuen Ausstattungsideen in die Praxis umzusetzen.

Selbst das einfachste Diwanbett kann mehr sein, als nur der Platz, auf dem man schläft. Mit einer Dekoration am Kopfende, mit einem Baldachin oder mit verschiedenen Tagesdecken und einem Berg von luxuriösen Kissen kann man ihm ein völlig neues Gesicht geben.

Das Kopfende des Bettes

Wenn man ein Bett neu gestalten will, ist es das Einfachste, ein Kopfende zu kreieren. Man kann darunter alles verstehen, was man am Kopfende anbringen kann und was die Wirkung des Bettes steigert: Es ist weit mehr als eine Wanddekoration. Durch ein dekoratives Kopfende gewinnt ein Bett an Räumlichkeit und Ausstrahlung. Natürlich ist nichts gegen reine Dekoration einzuwenden, auch hier kann man kreativ sein.

Ein antikes Bett ist höchstwahrscheinlich schon mit einem schönen Kopfbrett, mit geschnitztem oder gemaltem Dekor ausgestattet. Antiquitätengeschäfte und Auktionen sind gute Quellen. Die Wahl hängt vom Stil des Raumes ab, aber eine günstige Gelegenheit ist natürlich auch nicht zu verachten. Wenn man ein antikes Erbstück besitzt, sollte man den Raum drum herum gestalten.

Viele von uns haben jedoch nur ein einfaches Diwanbett ohne Dekor, das sie ein wenig aufmöbeln möchten. Und hier beginnt die Kreativität. Alle möglichen Objekte, die zunächst gar nicht so aussehen, können zu Kopfenden umfunktioniert werden und einem einfachen Bett einen besonderen Charakter verleihen: ein barocker Spiegel, ein exotischer Stellschirm aus Lack, ein Fächer, der wie das Rad eines Pfauen ausgebreitet ist, oder ein schmiedeeisernes Gitter mit einem filigranartigen Muster. Auch Architekturfragmente erweisen sich oft als sehr brauchbar: Man könnte eine Balustrade oder ein Giebelfeld verwenden oder einen gotischen Türrahmen, den man mit einem Brett schließt, auspolstert und mit Stoff bespannt.

Natürlich sollte man auch auf die Bequemlichkeit achten. Ein ästhetisch besonders befriedigendes Kopfende ist vielleicht nicht sehr bequem, aber da läßt sich Abhilfe schaffen. Ein *objet trouvé*, das man als Dekoration verwenden möchte, läßt sich leicht umgestalten: Einen Kaminschirm kann man zum Beispiel in der Mitte polstern und mit Stoff bespannen. Gepolsterte Kopfenden sind besonders bequem und luxuriös, wenn sie gut gemacht sind; man kann sie mit dem gleichen Stoff wie die Steppdecke beziehen oder – wenn das Bett einen Baldachin hat – mit dem gleichen Stoff, mit dem die Wand hinter dem Kopfende bespannt ist. Eine andere Möglichkeit ist die, daß man dem Problem *l'art pour l'art* geschickt ausweicht und haufenweise Kissen und Kopfkissen verwendet – das dient der Bequemlichkeit und ist gleichzeitig dekorativ.

Auch ein Gemälde oder eine Serie von Stichen, die man direkt über das Bett hängt, kann die Wirkung erhöhen. Auch wenn man ein Bett direkt unter ein Fenster stellt, besonders vor einer schönen Aussicht, kann das sehr wirkungsvoll sein. In diesem Fall rahmen die Vorhänge des Fensters gleichzeitig das Bett ein. Die Plazierung ist sehr wichtig. Ein Bett, das zwischen zwei gotischen Fenstern steht, wirkt dramatischer als ein Bett zwischen kahlen Wänden. Es muß auch keine Serie von Stichen sein, die man über das Bett hängt. Ein persischer Teppich, ein antikes Patchworkquilt, das man an Wäscheklammern befestigt, oder eine Sammlung von Delfter Tellern, in Pyramidenform über das einfache hölzerne Kopfbrett eines Bettes gehängt, geben interessante farbliche Akzente ... die Möglichkeiten sind endlos. Man hängt ein großes Ölgemälde an die Wand, flankiert von zwei kleineren Bildern, oder vielleicht von zwei Nachttischlampen, und verbindet alle drei Objekte mit einer Draperie aus Chintz oder Voile. Schon ist aus dem Diwan ein Himmelbett geworden.

OBEN: *Ein antiker Quilt, den man am Kopfende des Bettes aufhängt, kann eine sehr wirkungsvolle Dekoration sein. Die klar umrissenen, geometrischen Motive betonen die moderne Note eines Schlafzimmers, während die floralen Motive eher eine rustikale Atmosphäre schaffen.*

UNTEN: *Ein weich gepolstertes Kopfende ist das höchste an Komfort. Es kann eine quiltartige Polsterung mit eingezogenen Knöpfen sein oder ein einfaches, mit Messingstiften befestigtes Polster.*

Baldachine und Bettvorhänge

Baldachine sind auf dem Wege, zur kreativsten und vielleicht auch zur eindrucksvollsten Bettdekoration zu werden, gleichgültig ob es sich um den Himmel eines ausgewachsenen Vierpfostenbettes oder um eine Drapierung aus Spitze oder Musselin handelt. Die Draperien können extravagant und verschwenderisch sein oder so improvisiert wirken wie ein hingewehtes Stück feinster Battist oder eine gestickte Tischdecke; sie verwandeln jedes Bett in ein künstlerisches Produkt und erfordern doch nicht mehr als ein paar elementare Nähkenntnisse. Es gibt drei Hauptarten von Baldachinen: solche, die an der Wand oder an der Decke befestigt sind, solche, die eine Nische überspannen und solche, die am Rahmen eines Vierpfostenbettes oder eines *lit à la polonaise* befestigt sind.

Alte Gemälde und Stiche sind wunderbare Quellen, von denen man sich inspirieren lassen kann, wenn man einen Baldachin entwerfen will. Besonders das 18. und 19. Jahrhundert, als die Kunst der Drapierung ihren Höhepunkt erreicht hatte, sind eine Fundgrube für Ideen. Aber oft ist es gar nicht so leicht herauszufinden, wie man diese sehr ausgefallenen und kunstvoll arrangierten Draperien einem zur Rationalisierung neigenden Zeitalter oder einem Raum mit einem ganz anderen Charakter anpassen kann.

Das Wichtigste dabei ist, das Wesentliche des gewünschten Effektes zu erfassen, den Rest kann man vereinfachen. Manchmal reicht es schon, wenn man statt eines schweren Samtstoffes leichten Chintz verwendet oder wenn man bei einem Querbehang das Zuviel an Kordeln, Fransen, Bommeln und Quasten oder die überschwengliche Rosetten- und Rüschendekoration reduziert. Um eine Linie zu betonen, kann man statt einer Fransenborte ein einfaches Schrägband in einer kontrastierenden Farbe wählen. Gewöhnlich geht es nur darum, die Silhouette einer Draperie nachzuahmen, da würde es zum Beispiel genügen, die Faltenbögen

Als Vorbild für dieses moderne Eckbett diente ein französisches Aquarell von 1883. Das urspüngliche Design wurde etwas vereinfacht: Es wurde nur ein einziger Stoff verwendet, und das Innere der Bettverkleidung blieb ungefüttert. So entstand auf eine sehr einfache Art und Weise eine hübsche, behagliche Dekoration, die sich besonders gut für einen kleinen Raum eignet, der keine aufwendige Ausstattung verkraften könnte.

LINKS: *Ein gestreifter Stoff ist über dem Kopfende eines Messingbettes an der Wand befestigt, fällt in weichem Bogen nach unten und wird am Fußende des Bettes von zwei Pfosten aufgefangen. Ein dramatischer, aber einfach zu erzielender Effekt. Eine geflochtene Phantasieborte mit Quasten bildet den oberen Wandabschluß unterhalb des Gesimses.*

weniger dicht zu raffen oder sie nicht ganz so tief durchhängen zu lassen, damit das Ganze leichter und weniger bemüht aussieht.

Eine Gardinenstange aus Messing über dem Bett, die sich von der Wand abhebt, kann die Basis für eine Vielfalt von Drapierungen sein: Man kann zum Beispiel einen oder zwei antike Schals oder ein Stück Chintz oder Seide nehmen und es in einem oder mehreren Faltenbögen locker über die Stange drapieren, die Enden an den Seiten herunterhängen lassen und vielleicht noch ein paar Taftschleifen anbringen. Man kann auch eine kurze Gardinenstange im rechten Winkel zur Wand über dem Kopfende des Bettes anbringen und eine Unmenge von Drapierungen dazu erfinden; zum Beispiel ein *lit en double tombeau.* Man nimmt ein Stück Stoff, füttert es mit einem Material in einem dazu passenden Muster und wirft das Ganze über die Gardinenstange, so daß es an beiden Enden überhängt. Dann nimmt man zwei kürzere Stangen oder ein Paar amüsante viktorianische Raffarme – vielleicht zwei Hände oder zwei Akanthusblätter – befestigt sie rechts und links vom Bett unterhalb der Gardinenstange und fängt damit die beiden herabhängenden Stoffenden auf, so daß sich Drapierungen ergeben. Man kann dadurch sehr verschiedenartige Wirkungen erzielen, je nachdem wie weit die Raffarme von der Gardinenstange entfernt sind.

Wenn das Bett mit der Längsseite an der Wand steht, hat der Baldachin eine ganz andere Wirkung und erinnert an ein französisches Empire-Bett, besonders wenn es sich um ein *lit en bateau* handelt. Am einfachsten ist es vielleicht, ein Stück

OBEN: *Über einem Bett im Empirestil ist eine kurze Gardinenstange angebracht, von der duftige, mit Langetten versehene Stoffbahnen, kunstvoll drapiert, zu beiden Enden des Bettes herabfallen. Die symmetrische Dekoration wirkt sehr elegant und kann mit einfachen Mitteln verwirklicht werden.*

Eine zeitgenössische Interpretation einer alten Idee: Französische Innenausstatter des 18. Jahrhunderts verwendeten für Gardinen, Bettvorhänge und Polstermöbel den gleichen Stoff, um eine einheitliche Atmosphäre zu schaffen. Hier wurde mit Hilfe eines Lambrequins ein falscher Alkoven geschaffen, der mit Stoffdrapierungen und Quasten versehen ist und sich über die ganze Breite des Raumes ausdehnt.

gefütterten Stoff direkt an der Wand, über dem Kopfende des Bettes zu befestigen und es zur Mitte hin zu raffen und mit einer großzügigen Schleife zu akzentuieren. Die Ausstattungen vergangener Jahrhunderte sind unerschöpfliche Quellen für weitere Anregungen.

Baldachine sind oft sehr hilfreich, wenn man architektonische Eigenheiten wie Nischen, flache Bogennischen oder Alkoven vorteilhaft nutzen möchte. In Frankreich hat man – vor allem im 18. Jahrhundert – tiefe Nischen in die Mitte der Wand eingelassen und Betten oder Sofas hineingestellt.

Dabei wurde das Bett mit der Längsseite an die Wand gestellt, so daß die Wandvertäfelung zu beiden Seiten der Nische und die festonartig drapierten Vorhänge vor der Nische einen großartigen Rahmen für das Bett abgaben. Gleichzeitig hatte man viel freien Raum gewonnen. Die Nische war ein idealer Rahmen für die pompösesten Drapierungen. Mitte des 19. Jahrhunderts hätte man die Nische vielleicht mit einer Schabracke überspannt. Das ist ein flacher Querbehang aus einem steifen Material, den man durch seitliche Stoffdrapierungen phantasievoll ergänzen und mit Quasten garnieren kann. Ein flacher Alkoven könnte mit einem kurzen, darüber hinausragenden Baldachin aus bezogenen Spanplatten vertieft werden. Man dekoriert ihn mit einer Schabracke und Seitenschals. Ein falscher Alkoven läßt sich auf die gleiche Art und Weise gestalten.

Ein Kronenbaldachin ist eine Drapierung um eine ringförmige Vorrichtung. Heutzutage kann man alles dazu verwenden, was rund ist: eine goldfarbene Krone aus einem Antiquitätengeschäft oder einen Draht- oder Bambusring, der unter der Draperie versteckt wird. Auch eine halbkreisförmige Vorrichtung aus Holz- oder Spanplatten, die wie eine Konsole an der Wand über dem Bett angebracht wird, eröffnet viele Möglichkeiten. Man kann daran zwei Stoffbahnen in dichten Falten anbringen, die Enden zu beiden Seiten des Bettes herabfallen lassen und oberhalb der Halbkreisform einen Faltensaum stehen lassen. Eine andere Wirkung kann man mit einer kreisförmigen Holzform oder einen Ring aus Draht oder Metallrohr erzielen, den man an Ketten oder Bändern von der Decke herabhängen läßt und mit Draperien umkleidet.

Eine andere interessante Lösung haben wir in einem englischen Landhaus gefunden. Sie beweist, daß man die prosaischsten Objekte verwenden kann, um

Eine sehr feminin wirkende Variante des lit à la polonaise, *das Mitte des 18. Jahrhunderts sehr beliebt war. Das einfache Bettgestell mit kurviertem Kopf- und Fußbrett und Kronenbaldachin ist leicht zu kopieren; die Draperien können mit Bändern und Schleifen geschmückt werden. Das Ganze wirkt genauso pompös, aber weniger schwerfällig als das traditionelle Vierpfostenbett.*

OBEN: *Das Vierpfostenbett kann ein Meisterwerk der Dekoration sein, dennoch ist das Grundgestell ziemlich einfach. Man kann jedes gewöhnliche Diwanbett - einfach oder doppelt breit - in einen Vierpfostenrahmen einpassen.*

RECHTS: *Die großen Prunkbetten mit ihren quastengeschmückten Draperien, für die sehr viel Stoff benötigt wurde, waren einst die rühmlichsten Beispiele der Polstererkunst. Die verschwenderischen Details der opulenten Dekoration des hier dargestellten Vierpfostenbettes – die Faltenbögen mit den Stoffrosetten am Baldachin – wurden von historischen Vorbildern kopiert. Ein Stoffbehang an einer Gardinenstange aus Messing hinter dem Bett gibt dem Kopfende einen interessanten Akzent.*

etwas so pompöses wie ein *lit à la polonaise* zu gestalten. Ein Drahtkorb für Pflanzen diente – mit dem Boden nach oben – als Kuppel und wurde mit einer dünnen Wattierung gepolstert, die den Draht kaschierte und ganz und gar mit gerüschtem Stoff bedeckt. Dann wurden vier Stoffbahnen daran befestigt, die in einer flachen Kurve bis über die vier Ecken des Bettes herunterfielen und unwahrscheinlich dekorativ wirkten.

Das gebräuchlichste Baldachinbett ist das Vierpfostenbett; es bezieht seine Wirkung hauptsächlich aus der Dekoration. Das einzig Funktionelle daran ist das Rahmengestell und die Matratze, alles Übrige ist Schwelgerei in Dekoration.

Der Baldachin eines Vierpfostenbettes kann die verschiedensten Formen haben. Es gibt drei Hauptarten. Bei der Rosette wird der Stoff von der Mitte aus in feine Falten gelegt, die wie ein Sonnenplissee ausstrahlen. Die Stoffbahn an der Kopfseite des Bettes kann auf die gleiche Art und Weise gestaltet werden. Bei dem flachen Betthimmel wird der Stoff flach gespannt und an den vier Seiten des Rahmens befestigt. Für den zeltartig gestalteten Himmel benötigt man eine lange Stoffbahn. Sie wird am Fußende des Bettes befestigt und über den oberen Teil des Rahmens am Fußende in weichem Schwung zum Kopfende und nach oben geführt und an der Wand befestigt.

Außerdem gibt es noch vier Arten, Querbehänge und Bettverkleidungen zu gestalten: glatt und ohne Falten, gerüscht, in Kellerfalten gelegt oder als Faltenbögen drapiert. Eine sehr wirkungsvolle Variante der Drapierung ist eine Reihe von Bögen, an deren höchstem Punkt jeweils eine dicke Stoffrosette angebracht wird, von der eine als Kellerfalte gelegte kurze Stoffbahn herabfällt. Außerdem kann man von jedem der vier Pfosten des Baldachins eine in Falten gelegte, schräg abgestufte Stoffbahn herabfallen lassen. Sehr wirkungsvoll ist es, wenn man sie mit einem kontrastierenden Stoff abfüttert, damit der kaskadenartige Fall zur Geltung kommt.

Man kann ein Vierpfostenbett natürlich auch einfacher gestalten. Hat das Gestell selbst einen schönen Dekor, erübrigen sich die Stoffdraperien. Wenn es sich um ein schlankes Vierpfostenbett aus Messing handelt, könnte man ein Stück zarte Spitze über den Baldachinrahmen werfen und das Ganze mit kleinen weißen Quasten, schmalen, spiralförmig fallenden Seidenbändern und kleinen Bouquets garnieren – was eine herrlich romantische Angelegenheit wäre. Man könnte auch ein Stück alten Damast über den Rahmen legen und ihn von Zeit zu Zeit anders drapieren. Natürlich kann man es sich auch einfacher machen: Man beschränkt sich auf Vorhänge, die man am Baldachinrahmen befestigt, und verzichtet auf Betthimmel und Querbehang. Man kann aber auch schottisch gemusterte Decken mit Fransen locker über den Rahmen hängen, was dem Bett einen ausgesprochen männlichen Charakter verleihen würde.

Was die Stoffe anbetrifft, so bringt Chintz natürlich ein Vierpfostenbett am besten zur Geltung. Man kann ihn mit einem Baumwolldruckstoff in einem Streublümchen- oder Pünktchenmuster füttern, dessen Farbe sich in dem Muster des Chintzes wiederholt. Der Futterstoff der Bettvorhänge ist sogar sehr wichtig, weil man ihn selbst sieht, wenn man im Bett liegt. Außerdem wirkt durch das Abfüttern das Ganze von außen viel reicher, denn das Komplementärmuster des Futterstoffes steigert die Wirkung der Dekoration. Zieht man dem Prunkbett eine ganz einfache oder rustikale Dekoration vor, kann man schlichtere Stoffe wählen. Frisches Leinen, Musselin, kühle, weiße Baumwollstoffe, Gingham oder Markisenstoff sehen im Sommer sehr hübsch aus. Im Winter könnte man verblaßte, antike Kelims als Vorhänge verwenden, die sehr an luxuriöse Tapisserien erinnern.

Choux
Campane
Swag
Tail

The four-poster bed

Tagesdecken und Bettwäsche

Bettwäsche ist genauso wichtig für die Ausstattung des Bettes wie das Darüber und das Drumherum. Man kann die Oberfläche des Bettes dazu benutzen, um einen besonders schönen Stoff zur Geltung zu bringen; und durch die Kombination verschiedener Muster auf Laken, Bettbezügen und Kopfkissen kann man interessante Wirkungen erzielen.

Man sollte bedenken, wie wichtig die Wahl der Bettdecke für die Gesamtwirkung des Bettes ist. *Duvets*, das sind Daunendecken, wie sie auf dem Kontinent üblich sind, sind mit Daunen und Federn gefüllt und werden in einen Bezug gesteckt. Solche Betten sind am leichtesten zu machen, sie sind unkompliziert und sehen modern aus. Amerikanische Steppdecken, *comforters* genannt, sind dünner und sehen sehr adrett aus. Sie hängen über den Rand des Bettes herab und sind mit einem kontrastierenden Stoff gefüttert. Sie sind eine Mischung aus Bequemlichkeit und Zweckmäßigkeit und lassen sich leicht mit der Bettverkleidung und den Kopfkissenbezügen abstimmen. *Eiderdowns* sind herrlich altmodische Steppdecken, die mit Daunen oder Federn gefüllt sind und mit Überschlaglaken benutzt werden. Sie bedecken nur die Oberfläche des Bettes, so daß das über die Matratze gespannte Laken an den Seiten zu sehen ist. Sie sind kuschelig warm und erinnern an das Leben auf dem Land. Am Tage verschwinden sie gewöhnlich unter einer großen Tagesdecke, die nachts entfernt wird. Sehr dekorativ kann es sein, wenn man die Tagesdecke über die Steppdecke legt und sie unter der Matratze einschlägt. Als Tagesdecke kann alles dienen, was das Bett verdeckt. Die üblichen Tagesdecken sind entweder gesteppt oder glatt und hängen bis auf den Boden herab.

In den Vereinigten Staaten ist man sehr erfinderisch, wenn es um die Ausstattung des Bettes geht. Es gibt dort eine große Vielfalt von Bettdecken. Außerdem verwendet man am Tage sogenannte *pillow shams*. Das sind Überzüge, die man über die eigentlichen Kopfkissenbezüge zieht, und die aus dem gleichen Stoff sind wie die Tagesdecke, denn die Kopfkissen werden am Tage auf die Tagesdecke gelegt. Nachts werden die *pillow shams* wieder abgenommen, so daß der zur übrigen Bettwäsche passende Kopfkissenbezug wieder zum Vorschein kommt. Es ist auch üblich, die Betten am Tage mit Wolldecken abzudecken und die Steppdecken darüberzulegen.

Eine der hübschesten Versionen der Tagesdecke ist das Patchworkquilt. Es wird häufig für rustikal gehalten, man stellt sich vor, daß eine sparsame Landfrau Reste von Baumwollstoffen gesammelt und daraus eine Bettdecke zusammengenäht hat. In Wirklickeit hat diese Art, Flicken zu einer Decke zusammenzusetzen, eine lange Tradition. Wenn man Quilts für hochherrschaftliche Betten aus dem 16. betrachtet, erkennt man, daß sie ein Mosaik aus Gold- und Silberstoffen, aus Satin-, Samt- und Brokatstoffen sind und fast nach dem gleichen Prinzip gearbeitet worden sind wie die heutigen Patchworkdecken. *Cutwork* nennt man die Technik, in der ein Quilt für das Bett von Elisabeth I. angefertigt wurde. Es bestand aus kleinen Stoffflecken, die zu Mustern zusammengesetzt und auf einen Grundstoff appliziert wurden. Es gibt fertige Patchworkdecken zu kaufen, aber man kann natürlich auch wunderschöne antike Quilts finden. Am meisten Spaß macht es, wenn man sie selbst anfertigt. Das Gute daran ist, daß man die Arbeit immer wieder unterbrechen kann und es gar nichts ausmacht, wenn man Monate oder Jahre daran stichelt. Die Form der Stoffflecken variiert: Sechsecke und Quadrate werden am häufigsten verwendet, aber auch Rhomben oder Dreiecke sind sehr wirkungsvoll. Es gibt auch Patchwork-

Die traditionellen, gesteppten Bettdecken sind weich und warm, sie eignen sich für das eleganteste Schlafzimmer. Man kann sie mit einer einfarbigen Paspelierung einfassen, passend zu den Bettvorhängen.

Patchworkquilts kommen aus der ländlichen Tradition; hier mischen sich Volkskunstelemente und praktische Überlegungen. Ihr vielfältiges, farbenprächtiges Mosaik besteht aus Mustern in den verschiedensten Maßstäben und Texturen. Es gibt Quilts mit floralen oder geometrischen Mustern oder auch Kombinationen von beidem. Sie eignen sich ebensogut für das rustikale Cottage, wie für das Landhaus oder die moderne Wohnung.

decken mit einem Gittermuster; hier sind die einzelnen, meist quadratischen, Flicken durch ein Gitterwerk von schmalen, einfarbigen Stoffstreifen voneinander getrennt. Eingefaßt ist die Decke ebenfalls mit einem einfarbigen Stoffstreifen. Antike Quilts haben manchmal nur einen Patchworkeinsatz in der Mitte, während der Rest einfarbig ist. Ein sehr populäres Muster war das Sternmuster. Es besteht aus einem großen Stern in der Mitte, der von konzentrischen Kreisen aus andersfarbigen Flecken umgeben ist.

Bettdecken aus ungebräuchlichen Materialien können dem Bett ein neues Gesicht geben. Man kann zum Beispiel einen alten Cashmere-Schal, einen Schal mit Paisley-Muster, einen verblaßsten »Dhurrie« (ein gemusterter, handgewebter indischer Teppich) oder einfach einen hübschen Stoff über die Wolldecken breiten und unter der Matratze einschlagen. Man kann auch aus jedem beliebigen Stoff selbst eine Steppdecke herstellen, indem man zwischen zwei Lagen Stoff eine Wattierung legt und alles in einem Rauten- oder Medaillonmuster zusammensteppt. Auch Spitze würde eine herrlich romantische Bettdecke abgeben. Die Wirkung eines ganz in Weiß gehaltenen Bettes.

Man muß die Bettdecke natürlich auch dem Stil der übrigen Einrichtung anpassen. Eine Daunendecke ist eine praktische, zeitsparende Decke für das Bett in einer der Stadtwohnung. Wenn man den Schlafraum tagsüber als Wohnraum benutzt, läßt sich das Bett mit Hilfe einer adrett aussehenden, eleganten Tagesdecke, die das ganze Bettzeug verdeckt, in eine einfache Liege verwandeln. Das Bettzeug ist dann ordentlich verpackt, und das Bett sieht dann nicht mehr wie ein Schlafzimmermöbel aus, das sich ins Wohnzimmer verirrt hat. Statt dessen kann man daraus ein neuartiges Sofa gestalten. Manchmal kann man mit einer völlig unkonventionellen Bettdecke überraschend gute Resultate erzielen, wenn man sie richtig einsetzt. Eine Patchworkdecke würde zum Beispiel in das Ambiente eines Landsitzes passen, während ein verblaßtes »Dhurrie« das Bett in einem Cottage zur Wirkung bringen könnte.

Diese Ansammlung von Kissen auf der schmiedeeisernen Liege mit ihren eleganten Schnörkeln strahlt Formgefühl und Zurückhaltung aus. Die Kombination von Markisenstreifen und geometrisch angeordneten, winzigen Streublümchen wirkt adrett und alles andere als überladen, was durch die glatten Zierkanten der Kissen und die schmucklose Bettrolle verstärkt wird.

Die Kissen

Mit einer Anhäufung von Kissen verschiedenster Ausmaße und Bettrollen wirkt das Bett sehr luxuriös und bietet mehr Möglichkeiten, mit Mustern zu spielen. Eine Vielfalt von Größen und Formen kann verführerischer aussehen als eine Menge gleich großer Kissen. Es gibt da viele subtile Unterschiede. Kissen können mit Volants oder mit glatten Zierkanten abgesetzt sein. Man kann dazu einfarbigen oder weißen Stoff verwenden oder einen Stoff, dessen Muster mit dem des Bezuges kontrastiert. Man kann Kissen auch mit einem Keder versehen, damit sie wie Polster aussehen, oder sie auf einer Seite mit einer breiten Blende in frischem Weiß absetzen. Die quadratischen deutschen Kopfkissen sind herrlich dick und weich, man kann einen guten Effekt erzielen, wenn man sie mit den länglichen, englischen Kopfkissen mischt. Die Amerikaner sind sehr einfallsreich in bezug auf Kissen; es gibt riesige quadratische Kissen mit großformatigen Paisley-Mustern, mit Baumwolldrucken oder blumigen Chintzen, die mit einfarbigen Rüschen oder glatten Zierkanten abgesetzt sind und englische Kopfkissen in breiten Streifen, mit einer gemusterten Zierkante, die die Elemente des Hauptmusters der Ausstattung wieder aufnimmt. Es gibt viele Möglichkeiten, mit verschiedenen und ungewöhnlichen Mustern Abwechselung in die Kissenlandschaft zu bringen. Je kühner und ausgefallener die Muster sind, desto reicher ist die Wirkung.

Auch Bettrollen, mit einer Vielzahl von Kissen oder ganz für sich allein verwendet, sind sehr dekorativ. Man kann sie mit einem einfarbigen Keder absetzen, dessen Farbe im Muster des Bezuges vorkommt oder den Bezugstoff an den Enden raffen und mit einer Quaste versehen. Die kleinformatige Variante der Bettrolle ist die Kopfrolle, die man amüsant wie einen riesigen Knallbonbon gestalten kann.

Besonders luxuriös wirkt es, wenn man verschiedene Bezugstoffe wie Baumwolldrucke, Stickereien oder Tapisserien mischt. Man kann auch mit der Vielfalt von Geweben und Texturen experimentieren. Für ein weißes Bett sollte man nicht nur glatte, weiße Baumwollstoffe verwenden; Kissen und Kopfkissen mit breiten Stickereikanten würden da hinreißend aussehen.

Kissen sind eine wunderbare Gelegenheit, der Phantasie die Zügel schießen zu lassen: Streifen in Bonbonrosa, mit weichen Rüschen und Quasten kombiniert, wirken sehr feminin. Aber auch eine Kissengarnitur ganz in Weiß kann sehr luxuriös wirken, besonders, wenn man die Kissen mit einer Stickereiborte versieht.

OBEN: *Keder und Paspeln in einem weichen Lavendelton sind ein zarter Akzent für die kleinformatigen Muster eines Schlafzimmers im Landhausstil.*

UNTEN: *Die Borte mit moosgrünen und roséfarbenen Quasten wiederholt die Farben des Streublümchenmusters und ist ein lustiger Abschluß für ein Sonnenrollo.*

Das dekorative Zubehör

Mit dekorativem Zubehör kann man den Charakter eines Bettes völlig verändern oder die Silhouette der Draperien hervorheben. Erst durch das Zubehör wird aus einer simplen Schlafstatt ein elegantes Bett. Dekoratives Zubehör kann auch die Funktion haben, die verschiedenen Muster und Farben, die in einem Raum vorkommen, zu einer Einheit zusammenzufassen. Nehmen wir an, Sie haben eine Bettdecke aus Chintz mit einem Rosenmuster in Creme und Gelb und mit einem Hauch von Rauchblau in den Blütenblättern, einen rauchblauen Teppich und eine rauchblaue Tischdecke, dann könnten Sie die Bettvorhänge und Wandbehänge mit einem rauchblauen Schrägband einfassen, um sie in das Farbschema des Raumes einzubinden. Man könnte auch einen Besatz wählen, der auf den Wandbehang am Kopfende des Bettes oder auf die Steppdecke abgestimmt ist.

Es gibt eine Unzahl von Möglichkeiten, einzelne Ausstattungselemente zu akzentuieren oder miteinander zu verbinden. Selbst eine so einfache Angelegenheit wie eine Fransenborte gibt es in den verschiedensten Ausführungen: mit oder ohne Quasten, mit Bommeln und in unterschiedlicher Stärke und Dichte der Fransen. Mit einer schweren Fransenborte kann man eine andere Wirkung erzielen als mit einer leichten, die vielleicht nur eine Linie unterstreichen soll. Die Vorhänge kann man mit Schärpen in gleichen oder kontrastierenden Mustern zurückbinden, oder auch mit Kordeln (mit oder ohne Quasten), Bändern oder Schleifen. Paspelierungen sehen sehr adrett aus, während eine Rüsche am Querbehang oder am Vorhang einem Bett unweigerlich ein feminines Flair gibt. Man kann eine ganz einfache Rüsche verwenden oder Kaskaden von Rokokovolants. Man kann auch eine gemusterte Rüsche mit einer zweiten, einfarbigen, in der Farbe des Futterstoffes, kombinieren. Sehr luxuriös wirkt es, wenn Raffhalter, Querbehang und Bettverkleidung gerüscht werden und auch die Vorhänge mit einer Rüsche umrandet werden. Durch eine andersfarbige Rüsche kann man die Silhouette von Draperien unterstreichen: Man nimmt dazu zum Beispiel einen pinkfarbenen Chintz, der die Farbe des Rosenmusters der Vorhänge wiederholt. Rüschen können zusätzlich durch einen Langettenabschluß oder durch Einschnitte am Rand betont werden, dadurch steigert sich ihre dekorative Wirkung. Man kann sie auch perforieren, um Lichtreflexe durchschimmern zu lassen. Seidenrosetten, Schleifen oder andere dekorative Elemente können der Ausstattung einen weiteren Akzent hinzufügen.

Die Koordinierung

Die Koordinierung der Ausstattung ist sehr wichtig. Wenn man ein rustikales Schlafzimmer einrichten will, kann man zum Beispiel Bettwäsche mit einem schlichten Streublümchenmuster mit einer Bettdecke in der gleichen Farbkombination aber in einem anderen Muster kombinieren, bei dem das Verhältnis von Haupt- und Nebenfarbe umgekehrt ist. Will man eine Landhausatmosphäre schaffen, wählt man am besten großformatige Muster für die Bettwäsche.

Die großformatigen Muster haben häufig kleinformatige Grundmuster wie Streublümchen oder Spaliere, die es aber auch als eigenständige Muster gibt. Die Kombination beider Muster ergibt eine harmonische Wirkung. Bordüren und Futterstoffe erhöhen die dekorative Wirkung. Das Futter einer Steppdecke kann zum Beispiel das gleiche Muster haben wie die Bettwäsche oder die Zierkanten der

OBEN: *Eine Rüsche in Scharlachrot ist ein überraschender und wirkungsvoller Effekt in einem Schlafzimmer, das ausschließlich in Rosé gehalten ist und gibt ihm eine frische Note.*

RECHTS: *Mit einem Rosenmuster kann man ganz verschiedene Effekte erzielen, je nachdem, wie man es kombiniert. Hier wird es mit einem breiten, roséfarbenen Streifenmuster verarbeitet, das an den Bettrollen, am Überschlaglaken und auf der Unterseite der Steppdecke vorkommt. Eine wellenförmige Rosengirlande umrandet das Überschlaglaken, die Enden der Bettrollen und – als üppige Rüsche – die großen quadratischen Kopfkissen. Die einfarbigen Seidenkordeln in Rosé, mit denen die Seitenschals zurückgebunden sind, und die Tischdecke in der gleichen Farbe bilden das Gegengewicht zu dem großformatigen Rosenmuster.*

Bettwäsche. Mit einer gestreiften Zierkante kann Bettwäsche mit Streublümchen sehr adrett und modern wirken, mit einer Rosengirlande wirkt sie eher romantisch. Die Bettwäsche kann auch das gleiche Muster haben wie die Bettverkleidung oder das Futter der Vorhänge am Vierpfostenbett. Man kann sich viele weitere Kombinationsmöglichkeiten ausdenken, um einem Raum eine andere Nuance zu geben. Die Steppdecke wird oft passend zum äußeren Vorhangstoff des Vierpfostenbettes gewählt, aber man kann sie auch passend zum Futterstoff der Vorhänge wählen. Die Bettwäsche kann auch mit den Fenstervorhängen übereinstimmen, und die Zierkante eines Kopfkissens kann das gleiche Muster wie die Bordüre der Tapete haben.

Der Charakter eines Musters ist ausschlaggebend dafür, wie man es einsetzen kann, um einem Raum eine bestimmte Stimmung zu geben. Großzügige Paisley-Muster oder ein Rosenmuster auf Chintz eignen sich für das Schlafzimmer eines Landhauses. Kühle Streifenmuster oder Texturmuster eignen sich mehr für das moderne Schlafzimmer. Es gibt auch Drucke, die sich eher für das Bett eines Mannes eignen, das gilt auch für bestimmte Farben. Die Kombination von breitgestreiften Laken mit einem Bettbezug in einem sehr kleinteiligen, geometrisch angeordneten Blütenmuster wirkt kühl und sachlich, besonders wenn die Farben Marineblau und Sand sind. Pink und Weiß haben eine ganz andere Ausstrahlung. Florale Drucke wirken feminin, ebenso wie Volants, Rüschen und sonstiges dekoratives Zubehör.

Sehr wichtig ist es schließlich auch, wie sich ein Stoff auf der Haut anfühlt. Ein Bett muß nicht nur gut aussehen, man muß sich auch gut darin fühlen. Stoffe aus Naturfasern «atmen», sie geben einem ein Gefühl von Frische und Wohlbehagen, wenn man sie auf der Haut spürt.

Das rustikale Schlafzimmer

In den Schlafzimmern hingen noch immer die alten ...
blauweiß karierten Vorhänge; das Garn dafür hatte ihre
Großmutter an dem Spinnrad gesponnen, das man
kürzlich auf dem Dachboden entdeckt hatte ...
Auf dem Sims in der Kaminecke, wo Laura saß und in
das Quadrat des blauen Himmels aufschaute ... stand
eine Schachtel mit Feuersteinen und Zunder aus der Zeit
bevor die Streichhölzer aufkamen ... ein paar
Messingpfannen zum Wärmen hingen an der Wand ...
Man brauchte sie nicht mehr, aber bewahrte sie
ehrfurchtsvoll an ihrem alten Platz auf.

Flora Thompson, *Larkrise to Candleford*

Was ist rustikaler Stil?

»Als Haus war Barton Cottage zwar klein, aber behaglich und kompakt; doch als Cottage war es nicht ganz stilecht, das Gebäude war symmetrisch, das Dach mit Ziegeln gedeckt, die Fensterläden waren nicht grün angestrichen und die Wände nicht mit Geißblattmotiven bedeckt.«

Mit diesen Worten enttäuschte Jane Austen mit unnachahmlicher Ironie die Erwartungen der Leser von *Sense and Sensibility,* die eine pastorale Idylle erwartet hatten. Merkwürdigerweise haben sich unsere Vorstellungen vom idealen Cottage kaum verändert seit sie dieses Buch – vor beinahe zweihundert Jahren – geschrieben hat. Gibt es noch einen Stil, der sich so wenig verändert hat? Wir erwarten noch immer asymmetrische, pittoreske Räume, Flügelfenster, vielleicht sogar mit Sprossen, und grün angestrichene Fensterläden in einem Fachwerkbau aus getrocknetem Lehm und Flechtwerk. Und wir erwarten auch noch immer Schlafzimmer mit Streublümchentapete oder weiß gekalkten Wänden im Dachgeschoß, mit einer Luke im Strohdach und mit knarrenden Fußbodendielen.

Nostalgie ist das wesentliche Element des rustikalen Stils. Der rustikale Stil wird niemals unmodern, weil er immer gleich geblieben ist und sich nicht verändert hat. Er will weder beeindrucken noch imponieren. Statt dessen macht er aus seiner Unkompliziertheit und Kunstlosigkeit eine Tugend; die Schlichtheit der Ausstattung, die von der Frische der Natur inspiriert ist, spiegelt die Einfachheit des Landlebens wieder. Die Sehnsucht, in enger Verbindung mit der Natur zu leben, weit weg vom Getöse der Stadt, hat erstaunlicherweise schon Elisabeth I. geäußert, als sie sagte: »Das Schicksal meint es besser mit dieser Magd als mit mir, und ihr Leben ist glücklicher.« Auch Shakespeare ließ seine Charaktere häufig vor Sehnsucht nach dem Leben eines einfachen Landmannes seufzen.

Das, wonach sich alle sehnen, ist das Trauliche und die Geborgenheit. Flora Thompson schildert das so in *Still Glides the Stream:* »Sie dachte lieber an ein Nest als an ein Schloß, denn ein Schloß hatte sie nie gesehen, aber Nester gab es in jeder Hecke.« Genauso ein Nest sollte ein rustikales Zimmer sein, es sollte Wärme und Behaglichkeit ausstrahlen, bei seinem Anblick sollte man an lodernde Kaminfeuer im Winter, an einen Becher heiße Schokolade und an eine Kerze zum Lesen erinnert werden. Es gibt zwei Arten von Behaglichkeit, diejenige, die mit Komfort zu tun hat und diejenige, die – wie es Thomas Hardy formulierte – mit »dem menschlichen Charakter des Cottage« mit seinen Eigenheiten, Schrulligkeiten und liebenswerten Unzulänglichkeiten. Die Möbel haben rauhe Kanten, die Bilder sind nicht gerahmt und ein Marmeladenglas auf dem Fensterbrett dient als Blumenvase. Alles ist bescheiden und handgemacht, solide und gesund. Diese Art von Behaglichkeit hat nichts mit Luxus zu tun; im Gegenteil, sie ist um so köstlicher, je mehr sie mit einer gewissen Schlichtheit kombiniert ist. Das Geheimnis eines rustikalen Schlafzimmers liegt in der Kombination von Behaglichkeit und Schlichtheit. Ein Flickenteppich vor dem Bett wirkt durch den Kontrast mit den kahlen, geschrubbten Holzdielen des Fußbodens.

Gleichzeitig strahlt ein solcher Raum mit den vom Regen ausgewaschenen Naturfarben, den Feldblumenmustern auf der Tapete und der Wärme von ausgereiftem Holz eine Atmosphäre aus, die sehr an das englische Landleben erinnert. Die Tage sind dahin, als »bodgers«, einfache Schreiner, die in den Buchenwäldern Englands lebten und Tisch- und Stuhlbeine an Ort und Stelle drechselten, aber der rustikale Stil ruft noch immer die Bräuche und Traditionen jener Zeit in Erinnerung.

LINKS: *Holzbalken unterstreichen die asymmetrische Linienführung im Dachgeschoß eines Cottage. Das von Hand aufgebrachte Schablonenmuster an den Wänden ist unaufdringlich und hübsch. Die warmen Pink- und Grüntöne wiederholen sich auf dem Patchworkquilt auf dem Bett.*

UNTEN: *Durch die weißgetünchten Wände wirkt das kleine, sparsam möblierte Schlafzimmer optisch größer.*

Das klassische rustikale Schlafzimmer

OBEN LINKS UND RECHTS: *Der rustikale Stil ist eine glückliche Lösung für kleine Räume und eignet sich daher gut für das kleine Schlafzimmer in dem Walliser Cottage, das einst einem Schafhirten gehörte. Er betont die architektonischen Strukturen, und die Dachschräge gibt dem Raum Atmosphäre. Die Fußleisten, die Tür- und Fensterrahmen, die hölzerne Gardinenleiste und die Abschlußleiste der Wand werden durch einen weißen Farbanstrich hervorgehoben. In der dahinter gelegenen Diele ist die Dachschräge weiß getüncht, das wirkt kühler als die tapezierte Dachschräge im Schlafraum. Das kleine zarte Muster der Tapete ist ein unauffälliger Hintergrund und lenkt die Aufmerksamkeit nicht auf sich. Das Hauptmuster in Salbeigrün mit kirschroten, fächerförmigen Motiven bestimmt die Farbkombination der Ausstattung. Durch die weichen harmonisierenden Farben kommt der kleine Raum zur Ruhe. Die Koordinierung geht bis ins kleinste Detail: bis zu dem breiten pinkfarbenen Streifen auf dem Wasserkrug, den beiden dunkelgrünen Lampenschirmen und zu dem Waschtisch mit seinem viktorianischen Farbanstrich in Tannengrün auf Salbei. Die Möbel sind einfach; trotzdem wirkt der Raum mit seinen winzigen Ausmaßen ein wenig eng. Das Bettgestell ist das klassische viktorianische Messingbett; der grün angestrichene Hutständer gibt dem Ganzen eine amüsante Note und erfüllt außerdem einen praktischen Zweck. Das Bettgestell, der Waschtisch und die hellgescheuerten, blanken Holzdielen strahlen die intime Atmosphäre eines behaglichen rustikalen Schlafzimmers aus.*

UNTEN LINKS: *Ein Stück weißer Baumwollstoff mit Spitzenbesatz ist eine passende Gardine für ein rustikales Schlafzimmer. Das Fenster wird von einer Schablonenbordüre mit gewundenen pflanzlichen Motiven in weichen Grün- und Rosétönen umrandet.*

Die Quellen des rustikalen Stils

Das Bedienstetenschlafzimmer im Dachgeschoß stammt aus der Mitte des 19. Jahrhunderts und enthält einige typische Elemente des rustikalen Einrichtungsstils. Das bequeme lit en bateau *und der bemalte Waschtisch gehören zur Grundausstattung solcher Schlafzimmer. Das Rautenmuster des Teppichs und das Streublümchenmuster der Tapete, die direkt aneinandergrenzen, bilden einen harmonischen Kontrast. Die asymmetrisch gehängten Bilder lockern die Atmosphäre auf.*

Die Sehnsucht nach dem Leben als pastorale Idylle geht auf die Römer zurück, die eine spezielle Literaturgattung erfanden, um diesem Gefühl Ausdruck zu verleihen. Ihr Arkadien war ein Garten Eden , der von Schäfern, Schäferinnen und Nymphen bewohnt war; es war eine idealisierte Welt und das Gegenteil der staubigen, ausgetretenen Straßen des kaiserlichen Rom. Die berühmteste pastorale Idylle der Geschichte war *Le Hameau*, das kleine Dorf, das sich Marie Antoinette im Park von Versailles erbauen ließ. Es bestand aus einem Gutshaus, einem Bauernhaus, einer Molkerei und dem Haus des Verwalters. Alle Gebäude waren in einem rustikalen, französischen Stil eingerichtet.

In England kamen während des Regency derartige Märchenhäuser in Mode. Sie hatten natürlich Strohdächer und sahen mit ihren zierlichen Ornamenten, ihren durchbrochenen Giebeln und Erkern wie Pfefferkuchenhäuschen mit Zuckerguß aus. Die zur Romantik neigenden Viktorianer machten den idealisierten Cottage-Lebensstil noch populärer, er wurde zur Zeit von Königin Viktoria ein beliebtes

Dieses Schlafzimmer mit seinem Schablonenmuster zeigt, daß der rustikale Einrichtungsstil auch amerikanische Quellen hat. Das Eichblattmotiv und die floralen Motive sind nach der Natur gestaltet, die strenge geometrische Anordnung der Muster ist Ausdruck puritanischer Disziplin.

UNTEN: Attic, *eines der ersten rustikalen Muster von Laura Ashley, wurde von diesem winzigen Rest einer alten Tapete inspiriert, der in einem Schlafzimmer auf dem Dachboden eines Hauses gefunden wurde.*

Thema der Malerei. Der Kunsthandwerker William Morris und seine Anhänger sahen diesen rustikalen Traum durch eine rosarote, mittelalterlich gefärbte Brille und entwarfen dazu passende, schwerfällige, handgearbeitete Möbel in einem bodenständigen, englischen Stil. Sie befreiten den viktorianischen Stil von seiner übertriebenen Ornamentik und führten ihn zurück zu der ehrlichen Einfachheit eines bodenständigen englischen Stilvokabulars. Der Trend zu einfachen, gefälligen aber praktischen Möbeln wurde von der Arts-and-Crafts-Bewegung weiterentwickelt. Ihren Anhängern ist es zu verdanken, daß der rustikale Stil bis in unser Jahrhundert hineingetragen wurde und sich zu einem sehr populären und stabilen Gegengewicht zu den sich gegenseitig ablösenden Wellen aufwendigerer Modestile entwickelte.

Die Schlafkammern von Bediensteten, wie man sie in vielen Häusern des 19. und 20. Jahrhunderts findet, haben nicht selten dieses sympathische Flair rustikaler Einfachheit. Schon 1715 schrieb die Herzogin von Marlborough, als sie Blenheim Palace mit Federbetten ausstatten wollte: »Ich möchte ... für alle gute und süße Federn, auch für die Bediensteten.« Vielleicht hat das nicht ganz der Wahrheit entsprochen, aber es ist im 19. Jahrhundert mit seiner festgefügten Gesellschaftsordnung das erstemal, daß die Bediensteten einen eigenen Lebensstil und einen eigenen Bereich in einem Haus haben. Sie schliefen in Dachkammern, wie sie es wahrscheinlich auch in ihren eigenen Häusern getan hätten und eigneten sich einen sauberen, spartanischen Lebensstil an mit einfachen Möbeln ohne Firlefans, mit Messingbetten oder ganz einfachen Holzbetten, vielleicht auch mit einem kleinen Schreibpult, einem Korbstuhl oder einem Sessel, einem ausrangierten Kleiderschrank oder einem Wäscheschrank auf dem Korridor, einem kleinen Waschtisch, einem Nachttopf und einem Flickenteppich vor dem Bett.

Tapete war ursprünglich die Wanddekoration der Armen, die flugblattgroße Zettel an die Wände ihrer kleinen, spärlich eingerichteten Räume klebten, um sie etwas freundlicher zu gestalten. Das begann im 15. und 16. Jahrhundert, aber leider existieren kaum noch Exemplare von Tapeten aus dieser Zeit. Man fand einige gemusterte Papiere, die als Futter von Kassetten und Truhen dienten, aber die Experten sind sich in vielen Fällen nicht einig, ob sie auch als Tapete benutzt wurden, denn es gab Papiere, die speziell zum Füttern von Kassetten und Einbänden hergestellt wurden.

RECHTS: *Die amerikanische Version des rustikalen Stils – hier im Haus eines Kapitäns auf Long Island – wirkt ebenso adrett, aber nicht ganz so lieblich wie die englische Variante. Die simple Zusammenstellung von Steingrau und Blau, eine traditionelle Farbkombination des Federal Stils, ergänzt sich perfekt mit den weichen Farbtönen der gewachsten Holzdielen und des warmen Sonnenlichtes. Die strenge Linienführung und die sparsame Verwendung von Mustern sind puritanisches Erbe; die kleinformatigen, geometrischen Muster, die unregelmäßig und wie handgedruckt wirken, sind eine ideale Alternative zu den vertrauten Streublümchenmustern.*

UNTEN: *Die Anregung zu dem naiven Pünktchenmuster* Sea Spray *gab das Papierfutter dieses viktorianischen Koffers.*

Sicher ist, daß gegen Ende des 17. Jahrhunderts kleine, stilisierte florale Muster auf Kattun und andere grobe Gewebe gedruckt wurden.

Typisch für die Tapeten des frühen 19. Jahrhunderts ist das texturierte Grundmuster. Es ist ein Muster aus winzigen Pünktchen, die in kleinen Figurationen oder Linien angeordnet wurden. Sie bildeten den Grund für die Streublümchenmuster, die man auf vielen rustikalen Tapeten findet. Diese Pünktchenmuster wurden auf eine sehr einfache Art und Weise hergestellt: man durchlöcherte die Kupferzylinder, mit denen die Muster gedruckt wurden. Im 17. und 18 Jahrhundert gab es in Amerika fahrende Händler, die ein Sortiment von Holzblöcken mit hübschen floralen Mustern mit sich führten. Die Frauen brachten ihnen ihre handgewebten Stoffe und ließen sie an Ort und Stelle bedrucken. Meist waren es zarte Muster mit gewundenen Stengeln und Blättern. Sie gingen zum Teil auf die indischen Muster zurück, mit denen England im 17. Jahrhundert überschwemmt wurde.

In den Vereinigten Staaten setzte sich die presbyterianische Tradition durch mit ihren kräftigen, einfachen Linien, ihrer ungelenken Schlichtheit und den gedämpften Farbenkombinationen. Die beliebteste Farbkombination war Blau mit einem hellen Steingrau; sie wurde im gesamten 19. Jahrhundert für alle möglichen Zwecke verwendet, von Futterstoffen für Herrenjackets bis zu Möbelstoffen. Auch Terracotta, Grün und Creme war eine beliebte Kombination, die sich mit den weichen Farbtönen der gewachsten Holzdielen und den Reflexen von warmem Sonnenlicht vorzüglich mischte. Der Shaker-Stil war vielleicht der wichtigste, bestimmt aber der eigenartigste rustikale Stil, der in Amerika seinen Ursprung hatte. Die Shaker waren eine Sekte mit kommunistischer Gesellschaftsordnung und Eheverbot, bei denen Unordnung und Ornamente im Leben wie bei Möbeln verpönt waren. Sie lebten in scheunenartigen Holzhäusern und schliefen in Gemeinschaftssälen. Ihre Raumausstattungen zeichneten sich durch reine, klare Linien aus, deren Schönheit darin lag, daß die Räume fast leer waren. Es gab zu dieser Zeit nichts Vergleichbares – weder in Europa noch in Amerika.

Die Gestaltung eines rustikalen Schlafzimmers

Tapeten, Stoffe, Farbe und dekorative Details

Das kontrastreiche Streifenmuster der Tapete und der Gardine geben diesem Schlafzimmer eine maskuline Note. Die glatt gehängte Gardine, die innerhalb des Fensterrahmens angebracht wurde, erinnert an die Blockhäuser der Pioniere. Der Windsor-Stuhl ist ein Klassiker des rustikalen Stils.

Laura Ashley hat die dekorativen Möglichkeiten rustikaler Drucke entdeckt, als sie in Antiquitätenläden und Abstellkammern Reste von Stoffen aus dem frühen 19. Jahrhundert fand. Diese Stoffreste und die englischen und französischen Musterbücher, die es im frühen 19. Jahrhundert in großer Fülle gab, inspirierten sie zu ihren ersten Stoff- und Tapetenkollektionen. Es gab aber noch andere, ungewöhnlichere Quellen, zum Beispiel das Einbandpapier eines Buches aus dem 19. Jahrhundert, das Futter eines alten Reisekoffers oder einer antiken Spieluhr oder ein winziges Motiv von einem losen Notenblatt.

Das wichtigste Vorbild für rustikale Muster blieb immer die Natur selbst. Hauptquelle der Inspiration sind vor allem die Feld- und Wiesenblumen Englands und solche, die schon seit langem dort heimisch sind. Die rustikalen Streublümchenmuster sind kleinformatig und ebenso unauffällig, hübsch und bescheiden wie ihre Vorbilder, und haben genauso sanfte Farben: weiches Rosa, Moos, Glockenblumenblau und Dotterblumengelb.

Die Wände rustikaler Räume haben Rauhputz, sind weiß getüncht oder mit den einfachsten, frischesten Streublümchenmustern bedeckt. Cottagewände haben auch häufig einen Sockel aus weiß angestrichenen Holzbrettern, auf dem eine Tapetenbordüre besonders hübsch wirkt. Bordüren eignen sich auch, um Wellen und Unregelmäßigkeiten von Zimmerdecken auszugleichen, die bei Cottages häufig vorkommen.

Die oft eigenartige Plazierung von Türen kann man betonen, indem man eine Bordüre entlang der Fußleiste anbringt, und sie um den Türrahmen herumführt. Auch als Bindeglied zwischen verschiedenen Mustern eignen sich Bordüren: Eine mit kleinen Bouquets gemusterte Bettdecke und eine Streublümchentapete kann man mit Hilfe einer Tapetenbordüre mit Bouquetmotiven in ein Raumensemble einbinden.

Die Bemalung mit Schablonen hat bei der Dekoration von Cottages schon immer eine große Rolle gespielt, sie kostet wenig und ist nicht alltäglich. Außerdem ist sie vielseitig verwendbar, man kann Möbel oder ganze Wände mit Schablonen bemalen oder Bordüren kreieren als Dekor von Fußleisten und Simsen oder als Akzentuierung von Paneelen.

Die Schablonenbemalung ist eine heitere, hübsche Dekoration, die dazu noch etwas von Handarbeit an sich hat, was die rustikale Note eines Schlafzimmers unterstreicht. Mit Schablonen kann man zum Beispiel Bordüren gestalten oder ganze Wände bemalen. Die Wirkung der Bemalung hängt ganz von den Farben ab; blasse Farben wirken sanft, klare Farben wirken frisch.

Die Fenster rustikaler Räume erhalten eine ebenso einfache Dekoration wie der übrige Raum. Dachluken oder kleine, tief eingeschnittene Fenster, die optisch keinen Rahmen haben, brauchen einen Vorhang, der an einer Stange mit Scharnieren an der Wand befestigt ist. Nachts wird sie vor das Fenster geklappt und tagsüber wieder zurück an die Wand. Kunstvoll arrangierte Querbehänge eignen sich eher für Entwürfe im großen Stil, hier reicht eine weiß angestrichene Schabracke oder ein einfacher, gerüschter Querbehang im gleichen Muster wie die Bettverkleidung. Wenn der Raum sehr niedrig ist, empfiehlt es sich, kurze Fenstervorhänge zu wählen, die nur bis zum Fensterbrett reichen.

LINKS: *Es sind die kleinen dekorativen Details, die diesem rustikalen Schlafzimmer seinen eigentümlichen Charme verleihen. Ein Strauß getrockneter Blumen über dem Kamin und ein kleiner Strauß frischer Blumen in einem Marmeladenglas verweisen auf die Natur, und auch das florale Muster der Tapete ist nach der Natur gestaltet. Ein Blasebalg neben dem viktorianischen Kamin und ein Handtuchständer aus Holz sorgen für die nostalgische Stimmung der ländlichen Idylle. Ein paar Duftfläschchen und kleine Photos tragen zur persönlichen Note des Raumes bei.*

OBEN: *Die beliebte und vielseitige Schablonenmalerei hat eine lange Geschichte, die vom alten Griechenland bis zu den amerikanischen Siedlern reicht. Hier wird sie zur Dekoration der Holzdielen, der Wände und der Türfüllungen verwendet. Die rustikale Bordüre besteht aus moosgrünen Blättern und stilisierten, pinkfarbenen Rosen; die Tür ist in dem gleichen Grün angestrichen. Der Stuhl mit dem Binsensitz ist ein einfaches, robustes Möbelstück.*

Musselin gibt dem ländlichen Schlafzimmer zusätzlich eine romantische Note. Er ist sehr vielseitig verwendbar: als duftige, im Wind wehende Fensterdekoration schützt er gleichzeitig vor Sonne und unerwünschten Einblicken. Man kann den Frisiertisch oder den Nachttisch in Wolken von festonartig drapiertem Musselin einhüllen und den Kaminsims oder ein einfaches Holzbett mit Musselindraperien dekorieren. Immer strahlt er die Unberührtheit und Schlichtheit aus, die sich in unserer Vorstellung mit einem Schlafzimmer auf dem Lande verbindet.

Die Zimmerdecken sind gewöhnlich weiß getüncht, und zuweilen durch dunkle Holzbalken unterteilt. Bei schrägen Wänden kann die Tapete höher hinaufgeführt werden und die Dachschräge völlig bedecken.

Naturbelassene, geschrubbte oder gebleichte Holzdielen, die die Farbe von Treibholz haben, geben dem Raum einen angenehm ungekünstelten Charakter. Man kann die Fußböden natürlich auch anstreichen oder mit Schablonen bemalen. Die Verwendung von Binsen- und Kokosmatten ist die natürliche Weiterentwicklung der Sitte, Binsen und süß duftende Kräuter auf den Boden zu streuen, wie es in elisabethanischer Zeit üblich war. Ihre erdigen Naturfarben harmonieren mit den Farben eines rustikal eingerichteten Raumes. Flickenteppiche oder *hooked rugs* (Teppiche auf Kanevasgrund mit einem Flor aus bunten Wollflicken) sind nach wie vor beliebte Bodenbeläge für Cottages.

Es sind die kleinen Dinge, die einem Raum die persönliche, unverwechselbare Note geben und den Charakter der Dekoration voll zur Geltung bringen. Blumensträuße aus Trockenblumen gehörten von jeher dazu; man bindet sie mit einem Band zusammen und hängt sie, mit den Blüten nach unten, an die Wand oder steckt sie in einen Korb. Gerahmte Stickproben, und besonders solche aus dem 18. und 19. Jahrhundert, die zum Teil von Kindern angefertigt wurden, beleben die Wand und sind eine ausgefallene Dekoration. Auch die Proportionen sind wichtig: ein kleiner Spiegel in einem größeren Rahmen betont die Winzigkeit eines Raumes. Mit asymmetrisch gehängten Stichen kann man aus einer schiefen Wand ein dekoratives Element machen.

Auch Sammlungen sind ein interessanter Blickfang, gestattet ist alles: Bierkrüge, alte Eierlöffel, Muscheln und Fossilien, alte Nähwerkzeuge, Porzellanfigurinen, Parfumflakons aus Glas oder Kristall, dazwischen alte Flaschen mit Rosenwasser und Lavendel, gepreßte Blumen und alte Photos in zeitgenössischen Rahmen.

Man muß nicht unbedingt auf dem Land leben, um an der Frische eines rustikalen Schlafzimmers Gefallen zu finden. Mit viel Phantasie kann man ein Zimmer in einem Stadthaus im rustikalen Stil einrichten, denn es gibt relativ wenig Häuser, deren Räume so groß sind, daß das nicht möglich ist. Aber selbst in solchen Häusern gibt es immer noch die Dachkammern. Die Nebenräume eines Hauses eignen sich in vielen Fällen am besten für ein rustikales Schlafzimmer – besonders der Dachboden mit seinen schrägen Wänden, der niedrigen Decke und den Dachluken. Auch im Keller sind die Decken gewöhnlich niedriger, so daß sie in der Proportion zu den kleinformatigen rustikalen Mustern passen. Von den Fenstern der Kellerräume sieht man häufig in den Garten, oder auf einen gepflasterten Weg; dort kann man Töpfe mit bunten Feldblumen aufstellen.

Ein Frisiertisch läßt sich gut in einem unbenutzten Schrank oder in den unregelmäßigen Nischen und Winkeln unterbringen, die häufig in Cottages zu finden sind. Ein gefältelter Vorhang verdeckt die nicht ganz vollkommenen Wände, eine bodenlange Stoffdrapierung und ein Kissen mit einer breiten Rüsche vervollständigen das Arrangement.

Das »Drawer bed«, was soviel heißt wie Schubladenbett, ist eine besonders reizvolle Variante des rustikalen Bettes. Tagsüber wird der vordere Teil des Bettes zurückgeschoben in das kastenförmige Gestell, der Deckel wird geschlossen, und die Sitzbank vor dem Fenster ist fertig. Wenn man den Deckel offenläßt, dient er als Rückenlehne der Sitzbank. Kissen in verschiedenen Formaten und eine Bettrolle sorgen für Bequemlichkeit. Ein Strauß getrockneter rosa Blüten am Fenster setzt einen farblichen Akzent und wiederholt die Farbe der Streublümchen auf dem Bettzeug. Die weißen Zierstreifen auf dem Überschlaglaken und an den Kissen verbreiten die frische Atmosphäre gestärkter Wäsche.

Das rustikale Bett

Das klassische rustikale Bett ist entweder ein einfaches Holzbett oder ein viktorianisches Bettgestell aus Eisen und Messing, blank poliert oder weiß angestrichen. Die zurückhaltende Grazie seiner Schnörkel mit ihrem ungelenken Charme ist genau das Richtige für ein rustikal eingerichtetes Schlafzimmer.

Die älteste Schlafstatt im frühen Cottage war ein hölzernes Bettgestell. Es war ein einfaches kastenförmiges Möbel mit einer Matratze im Innern; die Bettgestelle aus hellem Kiefernholz und die *lits en bateau* sind spätere Entwicklungen. Das niedrige Rollbett hatte im Prinzip die gleiche kastenförmige Gestalt. Es war den Dienstboten vorbehalten, die nachts zu Füßen ihrer Herrschaft schliefen; am Tage wurde es unter das Vierpfostenbett geschoben.

Vierpfostenbetten waren nicht ausschließlich den Reichen vorbehalten. Bereits im 17. Jahrhundert war es als »bestes Bett« in den Häusern von kleineren Grundbesitzern zu finden. Das »zweitbeste Bett«, das Shakespeare Anne Hathaway vererbt hat, steht noch heute in ihrem Haus bei Stratford-on-Avon.

Auf dem Lande standen die Betten häufig in der Küche, weil es dort warm war und es sonst wenig Platz gab. Man benutzte das Gestell tagsüber als Sitzbank vor der Feuerstelle, und nachts wurde der Bettkasten mit der Matratze und dem Bettzeug wie eine Schublade herausgezogen. Noch bis weit in unser Jahrhundert hinein gab es in der Küche von schottischen Bauernhäusern Schrankbetten mit Schiebetüren oder dicken Vorhängen, die nachts geschlossen wurden. Das war ein von den Franzosen überkommener Brauch, wie er in Schottland noch häufig anzutreffen ist.

Selbst ein schlichtes, rustikales Bett kann man mit einem Baldachin versehen. Zu aufwendige Vorlagen lassen sich leicht vereinfachen und mit anderen Materialien entsprechend abwandeln. Statt eines vergoldeten Knaufs kann man einen nicht vergoldeten nehmen und statt einer Samtdraperie eine schlichtere Version aus Musselin oder bedrucktem Baumwollstoff. So kann man ein einfaches, rustikales Bett sehr hübsch dekorieren.

Die Möbel eines rustikalen Schlafzimmers

Bauernmöbel sind ein Gemisch von Stilen und Epochen. Das hat sich daraus ergeben, daß die Landbewohner die Einrichtung für ihr Heim aus allen möglichen Dingen, die ihnen zugänglich waren, aus welcher Quelle auch immer, zusammengetragen haben. Dennoch gibt es bestimmte Stilelemente und Möbelstücke, die charakteristisch sind für rustikale Einrichtungen: Stühle mit Binsensitzen, alte Eichentruhen, Stühle mit spindelförmigen Rückensprossen oder hohen, leiterförmigen Rückenlehnen, Bibelkästen (»Bible boxes« – geschnittene Kästen in denen im 17. Jahrhundert die Familienbibel aufbewahrt wurde; später wurden sie mit einem schrägen Deckel versehen, der als Lesepult diente; die »Bible boxes« wurden in Ehren gehalten), altmodische Großvatersessel, oder Windsor-Stühle. Aus dem Windsor-Stuhl, auf den sich Mütter gern zum Stillen ihrer Babys setzten, entwickelte sich der aus Amerika stammende Boston-Schaukelstuhl.

Aber auch andere Möbeltypen eignen sich für rustikale Schlafzimmer, besonders Stücke aus viktorianischer Zeit, die noch heute in den Häusern vieler Grundbesitzer und Bauern zu finden sind. Es gibt kaum ein rustikales Schlafzimmer ohne den üblichen Waschtisch mit Krug und Waschschüssel.

Auch schwedische Möbel im gustavianischen Stil (Klassizismus des 18. Jahrhunderts) sind außerordentlich attraktiv. Es sind Möbel mit gerader Linienführung, die in blassen Farben wie Taubengrau, Enteneierblau oder Graugrün angestrichen sind. »Country Georgian« war der Stil für größere Bauernhäuser, kleine Gutshäuser, ländliche Pfarreien und die Häuser kleiner Provinzstädte. Aus diesem Zeitstil entwickelte sich der heutige rustikale Stil.

Der Frisiertisch im rustikalen Stil ist meist klein und farbig angestrichen oder aus hellem Kiefernholz und mit einem Spitzenläufer, einer einfach gemusterten Baumwolldecke oder mit Musselin bedeckt. Eine hübsche Dekoration für ein Bett in einer Dachkammer ist ein kleiner Spiegel, flankiert von Sträußen aus getrockneten Kornblumen und Margeriten.

In vielen Cottages ist der Schlafraum zu klein für einen Kleiderschrank. Man kann ihn gut auf dem Treppenabsatz unterbringen, wie es die Bauern im 19. Jahrhundert häufig taten. Kleiderschränke aus Kiefernholz, mit einer großen Schublade im unteren Teil, findet man in vielen Antiquitätenläden auf dem Lande. Auf dem Kontinent wurden Bauernschränke häufig mit fröhlich-bunten Mustern bemalt oder mit einfachem Schnitzdekor versehen, was sehr dekorativ aussehen kann. Eine simple und auf dem Lande sehr gebräuchliche Art und Weise, die Kleidung unterzubringen, ist es, sie in einer flachen Nische, hinter einem bedruckten Baumwollvorhang zu verstauen. Das ist einfach und nicht teuer.

Die Idee, Möbel zu bemalen, geht auf Sheratons »fancy chair« zurück, den er zu Beginn des 19. Jahrhunderts schuf. Er wollte damit die Möbel aus Kiefernholz veredeln, die man für die Schlafräume im Dachgeschoß verwendete. Die beliebtesten Farben waren milchige Grün-, Blau- und Brauntöne. Das antike Schaukelpferd und der Boston-Schaukelstuhl von 1840 mit seinem rüschengeschmückten Kissen geben dem Raum eine etwas exzentrische, humorvolle Note. In dem viktorianischen Kamin sieht man statt der Holzscheite zarte Farne und getrocknete Blüten. Die Nische neben dem Kamin wurde praktisch genutzt und zum Kleiderschrank umfunktioniert.

Das Schlafzimmer im Landhausstil

Ich liebe es,
wenn die Ausstattung eines Raumes kultiviert ist,
aber frei von allzu vielen Regeln, wenn sie Anmut und
Grazie hat, wenn sie Stil hat und trotzdem
unkonventionell und nicht so bemüht wirkt,
wenn sie behaglich und anregend
oder sogar aufregend ist, und schließlich,
wenn man die Stilepoche nicht benennen kann . . .

John Fowler

Was ist Landhausstil?

Landhausstil ist mehr als die große Allüre alter englischer Landsitze. Die Mischung aus bürgerlicher Behaglichkeit und würdevoller Pracht, die wir heute unter der Bezeichnung »Landhausstil« verstehen, ist absolut nicht alt, sondern mehr oder weniger ein Produkt der letzten paar Jahrzehnte. Es ist aber richtig, daß dieser Stil sehr viele Anregungen von den dekorativen Möglichkeiten der Vergangenheit bezieht.

Die Fülle verschiedener Muster in einem Raum, wo geblümter Chintz neben Tapisserien und extravagante Bettdekorationen neben Sesseln mit karierten Bezügen auftauchen, ist charakteristisch für diesen Stil. Er entwickelte sich durch eine Anhäufung von nicht zusammengehörigen Objekten in Häusern, die dem Verfall preisgegeben waren und in denen einst die Ausstattung jedes Raumes durch und durch stilecht war. Dazu bedurfte es des geschulten Auges begabter Dekorateure und einer neuen Generation von Landhausbesitzern die seit Beginn der dreißiger Jahre aus dem, was aus Gleichgültigkeit und Vernachlässigung entstanden ist, einen großartigen Stil geschaffen haben, der sich scheinbar im Laufe von Generationen entwickelt hat.

Einer der Leitgedanken dieses Stils ist es, daß ein Raum nicht nur wohnlich sein soll, wenn man darin sitzt oder schläft, er soll auch angenehm für das Auge sein. Er soll mit elegantem Understatement eingerichtet sein und niemals Luxus zur Schau stellen. Das Nebeneinander verschiedener Muster und Stile darf nicht willkürlich sein; es ist alles aufeinander bezogen und so gemischt, daß die Proportionen stimmen und sich eine harmonische Atmosphäre ergibt.

Das Geheimnis ist vielleicht, daß der Landhausstil nicht den Fehler macht, zu großartig wirken zu wollen. John Fowler, der Doyen der Landhaus-Ausstatter, sagte einmal, daß zu viele großartige Objekte in einem Raum ihn »tot« erscheinen lassen. Schlafzimmer in Landhäusern tragen ihre Größe und ihre schönen Möbel mit Grazie und Nonchalance. Kostbare Stücke werden mit einfachen Elementen gemischt, wodurch sie nicht nur besser zur Geltung kommen, sondern den Raum auf ein menschliches Maß herunterschrauben. Dadurch, daß die stilistische Perfektion und die eindrucksvollen Ausmaße der Räume heruntergespielt und mit einer gewissen Einfachheit gekoppelt wurden, konnte der Landhausstil zu einem wichtigen Wohnstil des 20. Jahrhunderts werden.

Der französische Landhausstil ist dagegen formeller und bewußt durchgestylt. Er ist weniger solide und behaglich, dafür aber dekorativer und weniger mit echten Kostbarkeiten angereichert. Für die Franzosen ist Eleganz Disziplin und das Resultat von Design. Auch der englische Landhausstil ist ein Produkt von Designern: Asymmetrie und Muster, die nicht zusammenpassen, sind die Mittel, mit denen eine allzu konventionelle Atmosphäre gebrochen wird. Um die gleiche Wirkung zu erzielen, betonen die Franzosen die architektonischen Elemente des Raumes und verwenden wenig Möbel. Das Resultat ist makellos, perfekt und rigide, während es bei den Engländern gerade die Nicht-Perfektion ist, die eine Atmosphäre von Entspanntheit, und Behaglichkeit erzeugt.

Der amerikanische Landhausstil ist immer stark von europäischen Ideen beeinflußt worden, charakteristisch waren französische *fauteuils* und sehr dekorative Schlafzimmer mit poetischer Atmosphäre und viel Weiß und Gold – unverbrämter Luxus also. In den letzten paar Jahren hat jedoch der englische Landhauslook den französischen als Ausdruck gehobenen Lebensstils in der Wertschätzung der Ame-

OBEN: *Der elegante, konventionelle architektonische Rahmen dieses Raumes in einem französischen Château darf für sich selbst sprechen: Das einzige Muster ist der breite pinkfarbene Streifen; er wird sparsam verwendet, damit er der Vertäfelung und den hervorragenden Stuckmotiven in hellstem Mandelgrün und Weiß keine Konkurrenz macht. Die gleichen vornehm zurückhaltenden Farben wiederholen sich in dem gewirkten Teppich und auf den gewachsten Dielen. Der Raum wirkt trotz seiner zurückhaltenden, konventionellen Ausstattung nicht im entferntesten langweilig. Der Landhausstil hat keine festen Regeln; Landhausstil heißt, die Selbstsicherheit haben, seinem eigenen Geschmack zu folgen und genügend Stilgefühl, ihn mit Erfolg umzusetzen.*

RECHTS: *Der amerikanische Landhausstil wirkt im allgemeinen dekorierter als der europäische, er hat mehr als nur einen Hauch von Hollywood-Luxus an sich. In England und Frankreich fühlen sich die Kreativen hingezogen zu verblaßter Grandeur und zurückhaltender Eleganz, während der amerikanische Landhausstil durchgestylt und schick wirkt. Er ist eine Kombination aus tradierten, europäischen Elementen und einer ganz spezifischen Art von Extravaganz. Die Wände dieses amerikanischen Schlafzimmers sind in sattem Russischgrün gestrichen – eine kühne Farbwahl; damit wird der Fülle der englischen Chintze genau das richtige Maß an Strenge gegenübergestellt. Muster neben Muster und überall Rosen – auf der Bettdecke, den Kissen, den Rüschen, in den Vasen, und auf dem Teppich. Dem werden als Kontrast die strengen Linien des eleganten Vierpfostenbettes mit seinen weißen Draperien entgegengesetzt.*

rikaner überholt. In der kraftvollen amerikanischen Interpretation heißt das: Vierpfostenbetten und Räume voller Sofas, voller Teppiche und voller Bilder. Wieder einmal haben die Amerikaner bewiesen, daß sie ihre Ideen voll ausleben. Das hat zu kühnen Interpretationen geführt: Chintze in noch gewagteren und lebhafteren Mustern, die sich gegenseitig bekämpfen, Farben, die wie Fanfarenstöße triumphieren und Truhen voller dekorativer Objekte. Abgenutzte Stühle und abgewetzte Gewebe gibt es kaum in der amerikanischen Version des Landhausstils.

Andererseits hat sich in Amerika ein unverwechselbarer bodenständiger Landhausstil entwickelt. Seine Quellen waren die strengen puritanischen Interieurs der Siedler in den Nordstaaten und der »Federal«-Stil, der gegen Ende des 18. Jahrhunderts en vogue war. In den mit vornehmer Zurückhaltung eingerichteten Häusern jener Epoche, wie Boscabel und Monticello, waren die Schlafzimmer oft weniger aufwendig ausgestattet als die Räume im unteren Stockwerk. Im Sommer wurden Teppiche häufig durch Binsenmatten ersetzt, und freundliche Bettvorhänge aus Gingham wechselten sich ab mit Taft und Seide. Ein Schaukelstuhl stand zuweilen neben einem vom Klassizismus inspirierten Möbelstück des großen amerikanischen Kunsttischlers Duncan Phyfe. Das Resultat war eine Mischung aus erdverbundenem Puritanismus, ländlicher Einfachheit und einem mit Lässigkeit vorgetragenen großen Stil, die frisch und unprätentiös wirkte.

Das klassische Schlafzimmer im Landhausstil

Das klassische Schlafzimmer im Landhausstil ist eine Synthese, hier mischt sich das Alte und das Neue, das Tradierte und das Wohnliche, das Kostbare und das Einfache. Bei diesem Schlafzimmer konzentriert sich die Dekoration vor allem auf das Bett. Für Bettwäsche, Steppdecke, Bettverkleidung und die Kissen wurden drei verschiedene Muster ins Spiel gebracht. Doch das wirkt keinesfalls erdrückend, denn die Muster wurden so gewählt, daß sie aufeinander bezogen sind, statt miteinander zu konkurrieren.

Im übrigen Raum herrscht eine gewisse Zurückhaltung, die der Fülle der Muster auf dem Bett entgegenwirkt. Die Eleganz des Raumes kommt nicht durch eine reiche Ausstattung zustande, sondern durch seine klassischen Proportionen und die graziösen Linien der Möbel. Die Fensterdekoration besteht nur aus gerade hängenden Spitzengardinen, die mit ihrem filigranzarten Muster das Licht filtern. Seitenschals würden hier störend wirken und die schönen Fensterläden verdecken.

Vervollständigt wird die Einrichtung durch zwei bemerkenswerte Klassiker der Schlafzimmerausstattung. Hinter dem Bett steht ein besonders schöner französischer Kleiderschrank; seine verglasten Türen sind mit Gardinen aus gefälteltem Stoff bespannt, die ihm eine weiche und elegante Note geben. Links neben dem Bett steht ein fast archaisches Schlafzimmermöbel, eine Trittleiter für das Bett, die hier als Frühstückstisch verwendet wird.

Die Quellen des Landhausstils

»...das Fluidum von kühlem, geblümtem Chintz und eleganten, unaufdringlich eingerichteten Räumen, das vor unserem geistigem Auge entsteht, wenn wir an Landhäuser denken...«

Christopher Hussey

Der Landhausstil, als bewußte Vergegenwärtigung der Vergangenheit, die Hand in Hand geht mit dem Komfort des modernen Lebens, wurde eigentlich erst geboren, als das Leben in den Landhäusern schon an Bedeutung verloren hatte. Schon zu Beginn des Ersten Weltkrieges spielte das Landleben im großen Stil fast keine Rolle mehr. Die neureichen Unternehmer der viktorianischen Epoche suchten die Verbindung zum alten Reichtum; sie bauten sich Landhäuser in allen möglichen Stilarten und möblierten sie mit gräflichem Pomp und schwellenden Polstermöbeln. Inzwischen hatte sich das Zentrum der Macht verlagert, und die Landsitze wurden zum Anachronismus. Sie wurden von ihren Besitzern vernachlässigt und rotteten langsam vor sich hin. Es war aber gerade die Schönheit des Verfalls und die Atmosphäre von verschlissener Grandeur, die einige Innenausstatter so sehr faszinierte.

Der Landhausstil verdankt seine Entstehung also dem Verfall der Landsitze und dem Aufstieg der großen Innenausstatter. Sie machten sich die Vergangenheit für die Gegenwart zunutze, und ein Prozeß der Wandlung setzte ein: Die Räume, die steif und altmodisch wirkten, wurden wachgerüttelt, und eine gewisse Einfachheit wurde ins Spiel gebracht, die den prächtigen alten Stoffen und Möbeln ein neues Gesicht verlieh. Es war die profunde Kenntnis der Ausstattungstechniken der Vergangenheit, die diesen neu ausgestatteten Räumen ihre Authentizität gab.

Auch der bürgerliche Geschmack trug zum Entstehen des neuen Stils bei – hier entstand etwas, das weniger auf Würde und mehr auf Behaglichkeit bedacht war. Es war ein Stil, den man leicht auf die Ausstattung von Schlafzimmern in geräumigen Pfarrhäusern, alten Bauernhäusern und kleineren Gutshäusern zuschneiden konnte.

Eines der Merkmale dieses Stils ist sein Eklektizismus, der aber keinesfalls charakteristisch war für die Ausstattung der alten Landsitze. Seit der zweiten Hälfte des 17. Jahrhunderts hat man Wert darauf gelegt, daß die Ausstattung jedes Raumes eine stilistische Einheit war. Die großen Herrenhäuser wurden zu verschiedenen Zeiten in dem jeweils herrschenden Stil umgebaut, die Ausstattungen der Räume dem jeweiligen Zeitgeschmack angepaßt, und die alten Möbel und Stoffe entfernt. Die Besitzer der großen Landsitze konnten alles für ihre Häuser anfertigen lassen, wenn sich die Mode geändert hatte, denn es standen genügend Handwerker und Kunsthandwerker zur Verfügung. Polsterer, Möbelkünstler, Entwerfer, Dekorateure, Stuckateure und Maler, alle profitierten von diesen Umbauten, vor allem im 18. Jahrhundert.

Im 20. Jahrhundert wurden viele dieser Ausstattungen, die jeweils exklusiv für eines der großen Häuser entworfen worden waren, zerstört, beschädigt oder in alle Winde zerstreut, und die stilistisch authentische Ausstattung der Räume war dahin. Zwar hatte die Kunst der Restaurierung große Fortschritte gemacht, aber gleichzeitig hatte sich auch der Geschmack der Landhausbesitzer gewandelt. Sie fanden Gefallen an der neuen Liberalität, an der Stilvielfalt von Möbeln und Mustern, die in den Räumen herrschte. Die Dekorateure wendeten diese Situation ins Positive, sie betonten den Charakter eines wertvollen Teppichs oder Möbelstückes, indem sie es in eine neue, harmonisierende Umgebung einbanden, die völlig unabhängig von

Der im Kern so typisch englische Landhauslook wurde – zumindest teilweise – von Amerikanern geschaffen. Einen entscheidenden Einfluß auf die Entwicklung des Stils hatte die im Staat Virginia geborene Amerikanerin Nancy Lancaster, eine enge Mitarbeiterin von John Fowler. Ihr eigenes Schlafzimmer, in ruhigen Beige- und Rauchblautönen, ist ein Beispiel für die Mischung aus lässiger Eleganz und Behaglichkeit, die der Schlüssel zum Landhausstil ist. Kein Geringerer als Cecil Beaton, der Arbiter des guten Geschmacks, schrieb über sie: »Sie hat das Talent, aus einem dürftigen Haus etwas zu machen und einen großen Landsitz weniger groß erscheinen zu lassen... und (hat) manchem englischen Haus den letzten Schliff gegeben.«

Epoche und Stil war. Was diese sehr verschiedenen Elemente zusammenhielt, war der Hintergrund von Tapete, Vorhängen, Teppichen und Möbelstoffen. Das waren jedoch die Ausstattungselemente, die sich im Laufe der Zeit am meisten verändert hatten und die häufig ausgewechselt werden mußten, da sie verhältnismäßig schnell verschleißen. Die Dekorateure begannen, Muster von Teppichen, Chintzen und Tapeten zu kopieren, die sie in einigen Landhäusern gesehen hatten und machten sie einer exklusiven Klientel zugänglich. Auf diese Art und Weise fanden diese schönen und reichen Muster des 18. und 19. Jahrhunderts ein breiteres Publikum.

Nach 1980 begann Laura Ashley, exakte Kopien von typischen Landhausmustern zu produzieren und erschloß damit noch weitere Abnehmerkreise für diese Stoffe. Chintze aus dem 19. Jahrhundert, Damaststoffe im georgianischen Stil, Renaissance-Brokate und französische Toiles aus dem 18. Jahrhundert wurden in englischen, amerikanischen und französischen Landhäusern kopiert und die Muster für neue Dekorationsstoffe und Tapeten verwendet. Daher ist es heute möglich, den Reichtum der Vergangenheit in einem neuen Kontext wiedererstehen zu lassen, der dem heutigen Geschmack Rechnung trägt.

RECHTS: *In Florence Nightingales Schlafzimmer in Buckinghamshire wurde Chintz – der in Landhäusern am häufigsten verwendete Stoff – in viktorianischer Manier eingesetzt. Ab Mitte des 18. Jahrhunderts nahm man gern Leinen und Baumwolle für Bettvorhänge; wegen ihrer Kühle und ihrer Frische verwendete man sie gern im Sommer oder für das Innere eines Baldachinbettes.*

UNTEN: *Chintz wird häufig als der englischste aller Stoffe angesehen, in Wirklichkeit kommt er aus Indien. Die ersten Chintze – das Wort entwickelte sich aus dem Hinduwort* Chitta *– wurden nach 1600 von der East India Company nach England gebracht. Als diese Importe 1722 unterbunden wurden, um die aufstrebende Baumwollindustrie in England zu fördern, nahmen die englischen Kattundrucker die indischen Muster auf und integrierten sie in ihre Kollektionen. Der abgebildete Chintz stammt aus dem frühen 19. Jahrhundert, das Muster wurde im Walzendruckverfahren aufgebracht.*

Die Gestaltung eines Schlafzimmers im Landhausstil

Tapeten, Stoffe, Farbe und dekorative Details

Was einem auf den ersten Blick an der Ausstattung eines Schlafzimmers im Landhausstil auffällt, sind die Farben und die Muster: dunkle Grüntöne, leuchtendes Karmesinrot, das Blau von Wegdwood-Porzellan, Lavendelblau, Rosétöne, die sonnigen Gelbtöne der Chintze, die filigranartigen Muster von Tapisserien in Gold und Pink, die kristallklaren Farben von Stuckmotiven oder der dunkle Schimmer reicher Stickereien. Dieser starke Eindruck einer Vielfalt von Farben in einem Raum ist vielleicht ungewöhnlich, aber man darf nicht vergessen, daß die Farbe ein wichtiges Element ist, wenn man ein Schlafzimmer im Landhausstil ausstatten will. Sie trägt viel zu seinem Glanz und seiner Grandezza bei.

Besonders in England hat der Garten von Landhäusern mit seinem geordneten Chaos leuchtender Farben und seinen berauschenden Blüten Einfluß auf das Innere des Hauses gehabt und vor allem auf die Entwürfe von Chintzen. Chintz ist der typischste aller Landhausstoffe, er ist gewöhnlich mit Blüten übersät und wirkt weder zu elitär noch zu hausbacken. Chintze wurden ursprünglich für Bettvorhänge, Gardinen und Kleidung verwendet, seit dem 19. Jahrhundert erscheinen sie auch als Bezugstoffe auf Sofas und Sesseln. Sie wurden mit und ohne Glanz hergestellt, wobei der glänzende Chintz, der die Brillanz der Farben intensiviert, immer der beliebtere gewesen ist.

Andere Stoffe, die man gern für Schlafzimmerausstattungen im Landhausstil verwendet, sind gepreßte und geschnittene Samte, Brokate und bestickte Seidenstoffe, Satin, roter Kammgarn, Stickereien und Tapisserien mit kleinformatigen Mustern. Bis zur Mitte des 18. Jahrhunderts waren diese kostbaren, schöngemusterten Stoffe sehr beliebt als Wand- und Bettbehänge und als Bezugstoff. Zur Dekoration des Bettes gehörten außerdem Gold- und Silberborten, Fransen, dicke Quasten und zuweilen auch mit Goldfäden durchsetzte Stickereien. Diese Dekorationen würden heute zu schwer und zu konventionell wirken, besonders wenn sie in einer solchen Anhäufung vorkommen. Daher verwendet man leichtere Dekorationsstoffe, die den Glanz und die Pracht eines Schlafzimmers dezenter unterstreichen. Üppige antike Muster leben heute als Faksimiledrucke wieder auf und werden auf weniger teure Stoffe aufgebracht. Alte Stickerei- und Tapisseriemuster, Seidenbrokatmuster und georgianische Damastmuster werden auf Baumwollstoffe gedruckt; prächtige Renaissancemuster in Gold und Karmesinrot, Lapislazuliblau oder Medici-Grün werden auf schweren Baumwolldrill gedruckt, der das Gewicht und den Fall antiker Stoffe hat. Besonderer Wert wird auf die Optik gelegt: Die Stoffe werden speziellen Verfahren unterzogen, damit sie genauso verblaßt wirken wie die antiken Brokate, von denen sie inspiriert wurden.

John Fowler, der seinen sorgfältig ausgefeilten Ausstattungen gern einen einfachen Ton unterlegte, betonte, daß man bei der Ausstattung von Landhäusern mit Leinen und Baumwolle wunderbare Resultate erzielen könne. »Baumwolle wurde bisher in ernsthaften Ausstattungen weitgehend ignoriert«, sagte er 1938, »aber viele der gestreiften englischen und der geblümten provençalischen Baumwollstoffe sind zauberhaft. Sie sehen überhaupt nicht ›nach Cottage‹ aus. Wenn man sie vor einem raffiniert einfachen Hintergrund verwendet, haben sie einen ganz eigenen Chic.«

Ein wichtiges Element des Landhausstils ist das Mischen von Mustern und Farben, das lockert auf und wirkt unkonventionell. Man sollte auch wissen, wie man

Die stark gerafften Seitenschals aus Chintz mit einem Chinoiserie-Muster in kräftigem Rot und Rauchblau werden durch einen stoffbezogenen Lambrequin vervollständigt. Das antike Vierpfostenbett mit seinem reichen Schnitzdekor erfordert die Verwendung besonders wirkungsvoller und dekorativer Stoffe im übrigen Raum. Das satte Karmesinrot der Vorhänge paßt gut zu dem dunklen polierten Holz des Bettes. Das florale Chinoiserie-Muster wurde von einem orientalischen Spaliermuster aus dem 18. Jahrhundert inspiriert.

neue Druckstoffe mit alten Bezugsstoffen und alten Teppichen kombinieren kann. Die Farben der reproduzierten Druckmuster müssen so gewählt werden, daß sie zwischen der ursprünglichen Leuchtkraft der Originale und den verblaßten Tönen antiker Stoffe liegen, nur so kann man sie mit antiken Originalen und alten Möbeln mischen.

Fenster und Betten von Landhäusern tendieren zu Dekorationen im großen Stil, natürlich mit bodenlangen Vorhängen. Wenn die Fenster eine besonders schöne Form haben oder einen kunstvollen Dekor, kann man Fensterläden oder Raffrollos verwenden, die die Stuckornamente oder die Schnitzereien nicht verdecken. Man kann sie aber auch ganz ohne Garnierung belassen. Eine fortlaufende Dekoration – im frühen 19. Jahrhundert war es modern, einen besonders extravaganten Querbehang über mehrere Fenster laufen zu lassen – kann sehr bravourös wirken, besonders, wenn auch das Bett eine eindrucksvolle Ausstattung bekommt. Andererseits kann auch ein einfacher, langer Vorhang sehr elegant wirken, wenn man ihn für ein Bogenfenster verwendet und ihn ohne Querbehang innerhalb der Bogennische aufhängt.

Teppiche sind eine wunderbare Gelegenheit, ein neues Muster in die Ausstattung einzuführen. Die großen französischen und englischen Teppichmanufakturen, die gegen Ende des 17. Jahrhunderts und im 18. Jahrhundert entstanden, stellten Teppiche mit großem Ornamentenreichtum und von außerordentlicher Farbintensität her. Diese antiken Teppiche – Aubusson, Savonnerie und Wilton-Velours – gehören zum Bestem, was man an Fußbodenbelägen für ein Schlafzimmer im Landhausstil verwenden kann. Ihre im Laufe der Zeit verblaßten Farben verschmelzen zu einem Mosaik von Farbtönen, die man kaum benennen kann. Sehr opulent wirkt es, wenn man Brücken auf Teppiche legt. Eine bescheidene, neutrale Binsenmatte, wie man sie im 17. Jahrhundert gern in Schlafzimmern verwendete und noch heute in amerikanischen Landhäusern benutzt, kann eine einfache Note beisteuern, durch die die Grandezza der übrigen Ausstattung um so mehr zur Geltung kommt.

Wandfüllungen betonen die Symmetrie eines Raumes, sie wirken traditionell und geben dem Raum optisch und real eine ruhige Atmosphäre, die man durch die Wahl der Tapete betonen kann.

Die Vielfalt der Muster in einem Landhaus-Schlafzimmer entspricht dem Eklektizismus der dekorativen Objekte: Photographien in Silberrahmen und Sammlerstücke aus Porzellan, dazwischen Vasen mit Blumen, einige Stapel schön gebundener, alter Bücher und Schmuckdöschen aus Porzellan. Ein Schlafzimmer im Landhausstil gewinnt durch den Luxus der Details, durch die Döschen mit Elfenbein- und Silberdeckeln und durch die Haarbürsten und Handspiegel mit silbernen Rücken auf dem Frisiertisch.

Blumen waren schon immer ein wichtiger Bestandteil des Landhauslebens; die frischen Blumen von draußen verstärken die Wirkung der Blumenmuster auf dem Chintz im Innern des Hauses. In einem französischen Schlafzimmer steht vielleicht ein langer Orchideenzweig, eingebunden in einen Busch grüner Zweige, in einer hohen Vase; in einem englischen Schlafzimmer findet man eher mehrere Vasen mit Rosenknospen, kühl und frisch zwischen dunklen Blättern, oder mit diesen zauberhaften Sträußen aus Wicken und Pfingstrosen. Pflanzenständer auf Säulen- oder Dreifüßen gehören zum perfekten Landhausmobiliar, man verwendet sie gern, um ein Bouquet besonders zur Geltung zu bringen.

Besonders behaglich und einladend wirkt ein Schlafzimmer, wenn man mit Kissen und Polstern nicht spart. Durch Kissen hat man auch die Möglichkeit, den Mustermix zu ergänzen. Fußbänkchen, mit Chintz, Paisley- oder Stickereimustern bezogen, machen die Atmosphäre intimer.

Die am Boden schleifenden Seitenschals mit ihrer verschwenderischen Stoffülle und den quastengeschmückten Kordeln, die die Raffung halten, schaffen einen großartigen Rahmen für das Schiebefenster. Das Spiel der Sonnenstrahlen auf den frischen Baumwollstoffen mit den floralen Mustern, der Duft von Blumen, der sanfte Schimmer von polierten Hölzern und ein Hauch von Musik – alles das gehört zu den Dingen, die die liebenswürdig kultivierte Atmosphäre eines Landhauses ausmachen.

OBEN: *Dieser qualitätvolle Stuckdekor mit dem dichten Fries aus naturgetreu dargestellten Früchten und dem Jagdmotiv stammen aus dem späten 18. Jahrhundert. Architekturschmuck wie dieser verdient es, besonders hervorgehoben zu werden; als Farbe wurde Grün in verschiedenen Abstufungen verwendet.*

Ein Landhausschlafzimmer ist selten ohne Bilder. In England hängt man gern kleine Bilder oder Scherenschnitte auf die Wandverkleidung über dem Kopfende des Bettes, über einen Tisch mit Sammlerstücken, über den Kamin, oder man arrangiert sie in einer freien Ecke, die dadurch besser in den Raum integriert wird. In einem französischen Schlafzimmer wird durch Spiegel die Atmosphäre des 18. Jahrhunderts heraufbeschworen. Das gilt besonders für in die Wand eingelassene Spiegel, für Appliken mit verspiegelter Rückwand und Rokokospiegel in verschnörkelten Silber- und Goldrahmen.

OBEN: *Ein Vierpfostenbett muß nicht unbedingt wuchtig und schwerfällig wirken. Ein paar Stücke antiker Spitze lockern die solide Struktur des Bettrahmens auf; sie wurden einfach über den Rahmen geworfen und geben einen staunenerregend frischen Betthimmel von heiterer Leichtigkeit ab.*

OBEN RECHTS: *Einen Alkoven kann auf einfache Art und Weise vortäuschen: Man nimmt zwei Seitenschals, befestigt sie an der Wand über dem Kopfende des Bettes und rafft sie zu beiden Seiten, so daß sie das Bett einrahmen. Die Wand hinter den Vorhängen wird mit einem etwas dunkleren Stoff bespannt, was dem Alkoven mehr Tiefe gibt. Bilder über dem Kopfende des Bettes dienen als zusätzlicher Blickfang.*

Das Bett im Landhausstil

Ein prächtiges Bett ist das Herzstück eines Schlafzimmers im Landhausstil. Andere Einrichtungselemente kann man herunterspielen, aber dem Bett wird meist besondere Beachtung geschenkt – es soll eindrucksvoll sein aber nicht allzu zeremoniell wirken. Das Landhausbett geht zurück auf die kunstvoll gestalteten und dekorierten Betten der Vergangenheit, es soll aber nicht das traditionelle Paradebett imitieren. Man hat vielmehr die Dekoration des Vierpfostenbettes und des französischen Bettes zum Vorbild genommen und daraus eine einfache, aber atemberaubende Kreation geschaffen, die die Grandeur vergangener Zeiten ausstrahlt und alles Überladene wegläßt, das nicht in unsere Zeit passen würde.

Das Vierpfostenbett ist zweifellos das englische Landhausbett par excellence, es ist der Mittelpunkt eines großen Schlafzimmers. Dennoch benötigt man für jene eindrucksvollen und mit leichter Hand gestalteten Effekte nichts weiter als ein modernes Bett mit einem Kopfbrett und dem unerläßlichen, schön gemusterten Stoff. Das Kopfbrett kann man mit Stoff beziehen, passend zum Futter der Querbehänge oder zur Bettdecke. Ein Halbhimmelbett oder ein Bett mit einem kleinen, schwebenden Baldachin läßt sich noch leichter verwirklichen; man stellt das Bett mit dem Kopfende an die Wand und dekoriert es mit den verschiedensten Stoffdrapierungen.

Die Franzosen hatten – vor allem im 18. Jahrhundert – viele neue und originelle Ideen für die Ausstattung ihrer Betten. Außerdem schufen sie ungewöhnlich schöne Bettgestelle mit Schnitzdekor an Kopf- und Fußbrettern. Mit ihrer farbigen Fassung und den gehöhten Ornamenten wirkten sie auch ohne jede weitere Dekoration grandios. Eine ganz einfache Angelegenheit ist ein falscher Alkoven: Man befestigt zwei Seitenschals am Kopfende des Bettes an der Wand und rafft sie nach beiden Seiten, so daß eine schöne Drapierung entsteht.

Ein schlankes Vierpfostenbett ist mit frischen alabasterfarbenen Vorhängen ausgestattet, die durch ihren schweren, dichten Fall wirken. Der Himmel des Bettes ist mit dem gleichen Stoff dekoriert, der – wie ein Sonnenplissee, von der Mitte ausstrahlend – in dichte Falten gelegt ist. Die übrige Einrichtung – der kleine Schreibtisch aus Nußholz aus dem 18. Jahrhundert, der Stellschirm aus Coromandel-Lack, der Spiegel in dem extravaganten Rahmen und das moderne Chesterfield-Sofa – ist eine Stil- und Epochenmischung in klassischer Landhausmanier.

Die Möbel eines Schlafzimmers im Landhausstil

Prunkvolle Möbel allein machen noch kein Schlafzimmer im Landhausstil. Es ist der Dekorationsstil, der mehr oder weniger ausschlaggebend ist für den Charakter eines Raumes. Zu viele prunkvolle Möbelstücke, besonders wenn sie in einem Raum stehen, für den sie nicht geschaffen sind, wirken jeder Stimmung entgegen, sie töten die Atmosphäre. Man braucht Esprit, eine leichte Hand und die Fähigkeit, auszuwählen. Das bedeutet nicht, daß sehr kunstvoll gearbeitete Rokokospiegel oder Girandolen im Landhausstil nichts zu suchen hätten, es bedeutet vielmehr, daß ein Schlafzimmer im Landhausstil nicht zu einem Museum werden darf, das von einem Kurator bewohnt wird, der die Stücke mit Ehrfurcht betrachtet, anstatt sich ungezwungen zwischen ihnen zu bewegen.

Im großen und ganzen ist hier Eklektizismus gefragt, und es gibt kaum Möbel, die ungeeignet sind. Sehr rustikale Stücke würden allerdings fehl am Platz sein, nicht aber Möbel in schlichter Verarbeitung und mit einfacher Linienführung. Es gibt jedoch Möbel, die typisch sind für den Landhausstil. Dazu gehört die Liege am Fußende des Bettes. Dieser Brauch stammt aus der Zeit, als das Schlafzimmer die Funktion des kleinen privaten Wohnzimmers aus dem 18. Jahrhundert übernahm, in dem das Tagesbett stand. Dadurch wurde das Schlafzimmer – und ist es noch heute – zum Refugium, in dem man auch tagsüber ruhen oder Tee trinken kann. Dem Schlafzimmer im Landhausstil mit seinen üppig gepolsterten und mit blumigem Chintz bezogenen Sofas – und dem unvermeidlichen »slipper chair« haftet noch immer die intime Atmosphäre des kleinen, privaten Wohnzimmers des 18. Jahrhunderts an. In ein so privates Refugium kann man sich zurückziehen und lesen, malen oder einfach ausruhen und die entrückte Stille genießen. Das kleine Wohnzimmer des 18. Jahrhunderts diente auch als privates Schreibzimmer, eine Funktion, die das Schlafzimmer ebenfalls übernommen hat. In vielen Landhaus-Schlafzimmern steht ein kleiner Sekretär mit schräger Frontklappe oder ein *table à écrire,* ein kleiner, flacher Schreibtisch, in der Nähe des Fensters.

Einen Frisiertisch gibt es fast in jedem Schlafzimmer; im Landhaus-Schlafzimmer steht er vor dem großen Spiegel zwischen den Fenstern, wo man das beste Licht hat. Ein weiteres Dekorationselement sind Stellschirme: Sie sind aus Lack oder mit einem schönen Stoff bezogen. Manchmal haben sie die Funktion, einen Teil des Schlafzimmers abzuteilen, in dem man sich ungestört aufhalten oder ankleiden möchte. Aber meist sind sie nur dazu da, den Raum interessanter zu gestalten. Auch kleine Trittleitern mit zwei Stufen, die man im 17. Jahrhundert benutzte, um ins Bett zu steigen, sind sehr dekorativ. Benutzen kann man sie allenfalls, um die leere Teetasse abzustellen. Die Atmosphäre eines Schlafzimmers im Landhausstil kommt vor allem durch die Anordnung der Möbel zustande. Sie sollte so sein, daß der Raum Ruhe und Geborgenheit ausstrahlt und nicht überladen wirkt.

DAS ROMANTISCHE SCHLAFZIMMER

Das beste Schlafzimmer oder – wie meine Frau es nennt – das Paradeschlafzimmer ist in einem Stil eingerichtet, der mir ziemlich auf die Nerven geht. Die Vorhänge sind aus weißem Satin in einem französischen Blumenmuster und übersät von künstlichen Nachtfaltern, die mit Gummiarabikum befestigt sind, und von zehntausend kleinen Verzierungen, Kügelchen und Muscheln. Das Bett steht in einem Alkoven, und von der Decke herab streuen gemalte Cupidos Blumen und versprühen Parfum. Zwei gedrehte Säulen, die mit Kränzen aus Blüten und Muschelwerk geschmückt sind, trennen den Alkoven vom übrigen Raum. Auf dem Kamin . . . stehen Unmengen von Porzellanfiguren verschiedenster Art, darunter Tulapoins, buddhistische Mönche und sämtliche Religionsstifter des Ostens.

Die Beschreibung dieses neu eingerichteten Schlafzimmers von 1753 stammt von William Parrat

Was ist romantischer Stil?

Dieses moderne Schlafzimmer greift zurück auf die romantischen Dekorationselemente früherer Epochen. Die dunkle Tapete mit den Blattmotiven beschwört die Atmosphäre des späten 19. Jahrhunderts herauf, der Bücherschrank mit seinen gotischen Spitzbögen und der Stuhl im Vordergrund beziehen sich auf die Vorliebe für Kirchenausstattungen, von denen man sich in der viktorianischen Epoche gern anregen ließ. Orientalische Lackarbeit verweist auf den geheimnisvollen Fernen Osten und wirkt der Tendenz zur Wuchtigkeit entgegen. Spitze ist das romantischste aller Gewebe, und das hübsche Arrangement von Spitzenschals, das an einer einfachen Gardinenstange über dem Kopfende des Bettes befestigt ist, erfüllt den Raum mit dem Flair femininer Romantik.

Romantischer Stil ist eine Sache der Vorstellungskraft, es ist ein unverhohlen eskapistischer Stil. Funktion ist nicht gefragt, nur Ornament um des Ornaments willen. Seine große Anziehungskraft liegt darin, daß man die eigenen Träume verwirklichen kann, die weder mit der gerade herrschenden Mode noch mit Geschmacksfragen zu tun haben.

Darin liegt auch der Hauptunterschied zwischen romantisch und klassisch gefärbten Stilen. Im Gegensatz zu einem Raum, der nach klassischen Prinzipien ausgestattet ist, kann ein romantisch eingerichteter Raum nie Vorbild für einen anderen sein. Von der Klassik inspirierte Stile streben nach der absoluten Perfektion eines Raumes, der Romantizismus glaubt nur an private Paradiese, er will eine Stimmung, eine Atmosphäre einfangen.

Das Romantische an einem romantisch ausgestatteten Raum liegt in den Nebensachen, zum Beispiel am Dekor der Möbel: Sie sind mit Schnitzereien oder Goldhöhungen garniert, sind bemalt oder auf irgendeine andere Art und Weise dekoriert oder mit wunderschönen Stoffen bezogen. Hier hat die Persönlichkeit viel mehr Freiheit, sich auszudrücken. Im Schlafzimmer, dem privatesten aller Räume, kann man den eigenen romantischen Traum verwirklichen und muß keinerlei praktische Probleme wie Kochen, Essen oder Gäste empfangen berücksichtigen.

Bestimmte Epochen waren romantischen Vorstellungen besonders zugänglich, andere weniger. Vor allem im Rokoko kam es zu den kapriziösesten und extremsten Ausformungen, besonders in Frankreich. Das merkwürdige neue Schlafzimmer, das William Parrat zu Beginn dieses Kapitels beschreibt, steht sehr plastisch vor uns mit seinen Farben, seinen Garnierungen, Eroten, Muscheln und Blüten und den zehntausend kleinen Verzierungen; es ist das Produkt einer kapriziösen Phantasie. Parrats Schlafzimmer hat sinnliche Qualitäten: Man riecht den Duft getrockneter Blüten, die in Glaskrügen im Raum verteilt sind, man fühlt die weiche, weiße Seide und man sieht all den Zierat vor sich, der das Auge erfreuen soll. Es ist ein überaus künstliches und extravagantes Gebilde; sein Geheimnis liegt darin, daß der Ausschmückung keine Grenzen gesetzt sind, nach dem Grundsatz: Nicht nur *eine* Verzierung, wenn zehntausend auch genügen.

Der Ferne Osten hat Romantiker aller Zeiten in seinen Bann gezogen. Ihm wird eine exotische und geheimnisvolle Rolle zugeteilt, und damit wird er zum Erfüllungsgehilfen eines Stils, der das Pikante und das Unbekannte liebt. Die Chinoiserien des Fernen Ostens gehören zu den delikateren Accessoires, sie eignen sich vor allem für das Boudoir. Der Mittlere Osten hingegen, mit seinen Ottomanen, Kissen und Wasserpfeifen, seinen glühenden Farben und prächtig gemusterten Teppichen lieferte nicht nur die Inspiration für die Räume der Damen, sondern auch für die Rauchzimmer, Studios, Ankleide- und Schlafzimmer der Herren. Auch die Gotik hat die romantische Phantasie der Männer beflügelt und hat zu den phantasievollsten Schlafzimmerausstattungen geführt, besonders in der überschwenglichen Version des 18. Jahrhunderts. Hier kam vor allem die dramatische Note des Romantizismus zur Geltung.

Das Verführerische der Gotik und des Orients liegt darin, daß beide von der harten Wirklichkeit des Hier und Jetzt so weit entfernt sind. Mit zunehmender zeitlicher Entfernung legte sich ein Schleier der Verklärung über das ursprüngliche Vorbild, und der romantische Geschmack bekam allmählich eine sanftere Note und entwickelte sich immer mehr in Richtung Nostalgie und Blumen. Blumen gehören seit eh und je zur romantischen Ausstattung; ihre Schönheit und die Assoziation mit dem Weiblichen machten sie schon zur Zeit der Antike zu einem natürlichen Element des romantischen Geschmacks. Und überhaupt – gibt es etwas Romantischeres als eine Rose? Sie sieht aus, als hätte die Natur sie zu ihrer eigenen Dekoration erfunden; sie dient keinem anderen Zweck als der Schönheit. Zum Teil leitet sich der romantische Charakter der Blumen von ihrer uralten symbolischen Bedeutung ab, auf die man sich auf dem Lande gut versteht und die eng mit dem Glauben an die magischen Kräfte und an die Heilwirkung der Pflanzen verbunden ist. Darüber hinaus verbindet man Blumen noch mit einem anderen romantischen Phänomen, nämlich mit der romantischen Liebe in ihrer poetischsten Form. Bis zum Ende der viktorianischen Epoche schickten Liebende ihrer Angebeteten Blumensträuße, die durch ihre Anordnung Botschaften übermitteln sollten.

Es gibt auch einen romantischen Einrichtungsstil, der spezifisch englisch ist; er entwickelte sich aus dem Verständnis der Natur als einem großen Garten und konnte vielleicht nur in der lieblichen Landschaft Englands entstehen. So gesehen erinnern die floralen Dekorationen eines Schlafzimmers an die pastorale Idylle eines Goldenen Zeitalters, das zeitlich nicht so genau einzuordnen ist und in dem man den Mai noch mit Zweigen von Apfelblüten über der Tür feierte. Häufig strahlen romantisch dekorierte Räume etwas Viktorianisches aus, denn in viktorianischer Zeit schwelgte man wie nie zuvor und nie danach in Nostalgie und Blüten.

Der von Blüten übersäte Raum vermittelt die Atmosphäre eines heißen Sommertages. Er demonstriert die romantische Ausstrahlung traditioneller floraler Muster.

Das klassische romantische Schlafzimmer

Einen Raum von einer derartig ekstatischen Intensität wie dieses blumenübersäte Schlafzimmer kann man sich nur in einem Zustand glückseliger Entrücktheit ausdenken. Die Technik ist gar nicht so schwierig, man muß die Idee nur bis zum Äußersten durchhalten. Man bedeckt alles mit einem einzigen Muster: alles wird in ein Meer von Blüten getaucht.

LINKS OBEN UND UNTEN: *Das Muster, das alles überwuchert, besteht aus voll erblühten Heckenrosen, umgeben von rauchblauen Blättern, die durch feines Rankenwerk, garniert mit winzigen, sternförmigen Blüten, miteinander verbunden sind. Der Glanz des Chintz erhöht den Schimmer der gedämpften Farben. Das Blau des Musters wird durch das Blau des Teppichs vertieft und wiederholt sich an der Paspelierung der Kanten, ohne die man die Rüschen in der allgemeinen Blütenpracht überhaupt nicht wahrnehmen würde. Sogar die Wände sind Blau abgesetzt und wirken wie riesige, mit Chintz bezogene Paneele.*

RECHTS: *Allein schon das Bett ist Luxus in Reinkultur – eine Symphonie von Blüten, duftigen Rüschen und Volants. Das Innere der Bettvorhänge ist aus rauchblauem Chintz. Die romantische Vorstellung, daß ein Raum nur aus Blüten besteht, wird verstärkt durch den köstlichen Duft echter Rosen und Lilien, die im Raum verteilt sind. Auf dem mit Chintz verkleideten Frisiertisch ist ein Sammelsurium von Duftfläschchen mit Silberdeckeln, Bürsten mit silbernen Rücken, Hutnadeln mit Perlen und Fächer verstreut. Diese kleinen Objekte und auch die Liege sind nostalgische Reminiszenzen an die Finessen einer vergangenen Epoche des Dolce far niente. In der Ausstattung dieses Raumes mit den sentimentalen Bildern in den feierlichen Rahmen konnte sich ein sehr feminin anmutender Romantizismus voll entfalten.*

Die Quellen des Stils

Der romantische Ausstattungsstil hat viele Quellen, die zum Teil weit in die Geschichte zurückgehen. Viele seiner typischen Ideen und Motive entstammen der Renaissance, aber eigentlich beginnt dieser weit verbreitete und bewußt phantastische Stil mit Versailles.

Diesen Palast, das Nonplusultra aller Paläste, wollte Ludwig XIV. 1661 ursprünglich für seine jugendliche Mätresse bauen lassen. Statt dessen wurde daraus der prächtigste aller Paläste Europas. Sein heiter-phantasievoller Stil entsprang sowohl der Idee, ein Liebesnest zu bauen wie dem Wunsch, Macht und Würde zu demonstrieren. Ludwigs Romantizismus war ein Feuerwerk barocker Ornamentik, das etwas Prahlerisches an sich hatte. Dennoch sollten die vergoldeten Kurvierungen, die in die Wand eingelassenen Spiegel, die Kronleuchter mit den Kristalltropfen und die ätherischen Silberornamente Vorbilder für die kleinformatigen und viel zierlicheren Dekorationselemente des Rokoko werden.

Dieser alles überwuchernde, dekorative Stil entstand zur Zeit Ludwigs XV. im ersten Viertel des 18. Jahrhunderts. Die Kraft, die im Barockdekor zum Ausdruck kam, degenerierte im Rokoko zur Künstlichkeit von Hochzeitstortenverzierungen, und es entstand ein Stil, der sich wie kein anderer für die Ausstattung von Boudoirs eignete. In der Tat wurden die Boudoirs und Schlafzimmer von Kurtisanen und Halbweltdamen im 18. Jahrhundert zu modischen Vorbildern für Schlafzimmerausstattungen, die man in den größten Häusern kopierte. Bettdekorationen, die man zuvor für völlig unpassend gehalten hätte, Wogen von gebauschtem Satin und wirbelnde Seidenrosetten, die von Schleifen gehalten wurden, kennzeichneten das französische Bett des 18. Jahrhunderts.

Dieser Toilettentisch mit der bodenlangen Stoffdraperie verkörpert den Romantizismus der französischen Boudoirausstattung des 18. Jahrhunderts.

Der Rokokostil war im Grunde ein Stil des reinen Vergnügens und einer Klasse, die sich ihm hingab. Man schwelgte in Licht, hellen Möbeln, verspiegelten Wänden in Weiß, Silber und Gold und in extravaganten Dekorationen aus Rüschen, Schleifen, flatternden Bändern, klimpernden Kristallüstern und vergoldeten Kerzenleuchtern in grotesken Formen. Seinen angemessensten Ausdruck fand das Rokoko in den fragilen, filigranzarten Porzellanobjekten des 18. Jahrhunderts. Ganze Räume waren mit Blüten und Rocaillen aus Porzellan inkrustriert. Das berühmteste Beispiel ist das Porzellanzimmer im Palazzo Capodimonte.

Die französischen Einrichtungsstile des 18. Jahrhunderts hatten einen vorwiegend femininen Charakter. Der Romancier J.-K. Huysmans, in seinen späteren Jahren bekannt als Schriftsteller des dekadenten Fin-de-siècle, drückte das so aus: »Das 18. Jahrhundert ist in der Tat das einzige Zeitalter, in dem man es verstand, den Frauen den richtigen Rahmen zu geben, indem man Möbel herstellte, die nach ihren Reizen geformt waren.«

Wie Parrats Beschreibung zeigt, faßte der französische Einrichtungsstil schnell Fuß in England. Besonderen Gefallen fanden die Engländer mit ihrer Vorliebe für das Absurde und das Sonderbare, an den phantasievollen Chinoiserien. In ihnen spiegelte sich die theaterhafte Vorstellung von einer uralten Zivilisation wider, wie man sie sich im England des 18. Jahrhunderts vorstellte, einem Land, das vom alten China genauso weit entfernt war wie der Mond. Daher konnte man diese Welt ungehindert in einer romantischen Version neu erschaffen. Chippendale entwarf einige ornamentale Möbelstücke in dieser eleganten, transparenten chinesischen Manier und brach damit alle Regeln der Klassik, die man zu Beginn des Jahrhunderts in England wiederentdeckt hatte.

RECHTS: *Diese bezaubernde Porzellanmalerei zeigt den etwas süßlichen Charme eines Boudoirs um die Mitte des 18. Jahrhunderts. Alle Holzteile sind weiß gefaßt. Bei der »en suite«-Dekoration wurde – wie es die Mode verlangte – der Raum als Einheit gesehen: Für Bettvorhänge und Polsterungen wurde das gleiche Streifenmuster in Bonbonrosa verwendet. Die Ausstattung des Bettes, nebst Steppdecke und Kissen, ist ganz in Weiß gehalten und mit Spitzenrüschen abgesetzt. Der Schnitzdekor am Kopfbrett stellt ein Medaillon dar, das von einer Rosengirlande gehalten wird, darauf sitzen zwei schnäbelnde Turteltauben – zweifellos der letzte Schrei an romantischem Dekor.*

OBEN: *Dieses Tapetenmuster von 1750 ist ein äußerst graziöser Entwurf, der viele romantische Rokokomotive enthält: Vögel fliegen zwischen Draperien und Rosengirlanden, zwischen Festons und Blumenarrangements hin und her.*

Rokoko und chinesischer Geschmack hatten zweifellos einen stark femininen Einschlag, während der gotische Geschmack, der gleichzeitig herrschte und der in den Entwürfen von Walpole und Beckford gipfelte, eine spezifisch männliche Ausformung des romantischen Einrichtungsstils war. Walpoles »gotische« Interieurs in Strawberry Hill hatten jene für das 18. Jahrhundert charakteristische Leichtigkeit, die der bombastischen Neugotik des viktorianischen Zeitalters abging. Walpoles Stil wurde als »Talmi-Gotik« abgetan, und er selbst räumte später ein, daß Strawberry Hill eine Mischung aus authentischem Zeitstil und den Erfindungen seiner Phantasie war. Walpole war auch der Bahnbrecher des gotischen Romans mit seiner ganzen Dramatik, seinen enervierenden Schreckensvisionen und seinen wilden, phantastischen Szenen, der damals vor allem von vornehmen Damen gelesen wurde, die – weit weg vom Schauplatz des Geschehens, in einem ganz anderen Land – beim Lesen behaglich auf ihrem Sessel saßen, die Füße auf einem Rokoko- oder Chinoiserie-Schemel.

Walpoles Gotik-Schwärmerei hatte etwas Eskapistisches an sich, vergleichbar mit der von Beckford, der ebenfalls Romane schrieb, die reine Phantasmagorien waren. Der Millionär Beckford baute für sich selbst Fonthill Abbey, eine melodramatische, gotisierende Absurdität mit einem unglaublich hohen Turm, in dem die Schlafzimmer untergebracht waren.

Beckford hatte schon in seiner Kindheit Geschmack am Exotischen gefunden, angeregt durch die Ägyptische Halle im Haus seines Vaters, Fonthill Splendens, Wiltshire. Sein Interesse galt ebenfalls dem Orient, aber nicht so sehr dem chinesischen, sondern eher dem arabischen. Dieser Kult des Orientalischen beeinflußte den Einrichtungsstil, und es entstanden unter anderem zeltartig eingerichtete Räume, die vorwiegend eine Domäne der Männer waren. Vorbild war das Feldherrnzelt, das mit dekorativen Kriegstrophäen ausgestattet war. Einer der ersten Räume dieser Art wurde 1777 für den Comte d'Artois gestaltet, und nur ein paar Jahre später war das zeltartige Boudoir der letzte Schrei in der mondänen Damenwelt. Man bedeckte die

Wände mit Stoff und zog die gefältelten Stoffbahnen in der Mitte der Decke zu einem zeltartigen Baldachin zusammen. Derartige Räume wurden mit dem ganzen schwülen Exotismus des Orients ausgestattet; ihre Bewohner lehnten sich, angetan mit Turban und Pantoffeln, in die Kissen zurück und tranken mit ihren Gästen Tee.

»Zurück zur Natur«, war die Parole der englischen Romantiker – das Gute war nur in der Natur zu finden. Romantiker versuchen immer, den Dingen eine emotionale Bedeutung zu geben, und so sahen sie auch die Natur in einem sehr romantischen Licht – ob es sich um die Unberührtheit der Moore oder die hineininterpretierte Unschuld einer Blume handelte. Sie leiteten eine Epoche ein, in der die Unschuld als verehrungswürdig angesehen wurde und schauten voller Sehnsucht zurück auf das vorindustrielle Zeitalter, in dem die romantische, liebliche Schönheit der Blumen als Symbol der Unberührtheit und der Unschuld galt.

Die Hinwendung zur Natur spiegelte sich auch in der neuen Bedeutung, die dem Garten zugemessen wurde. In der georgianischen Epoche gehörte zu jedem Haus ein kleiner Garten; in der viktorianischen Epoche mußte man, selbst im Zentrum von London, einen Garten haben. Gartenarbeit wurde zur romantischen Freizeitbeschäftigung der Mittelklasse. Man pflanzte vor allem Blumen, die dann natürlich auch ins Innere des Hauses vordrangen: Große Sträuße von Schnittblumen schmückten jeden Raum und auch Topfpflanzen waren überall verteilt. Durch den Garten fühlte man sich mit jener poetischen Natur außerhalb der Stadt verbunden. Blumen überwucherten alles: Chintze, Baumwolldrucke und Tapeten, überall blühten üppige Rosen, die sich um Spaliere rankten, und auch auf den Teppichen wanden sich verschlungene Rosenranken. Dieser Traum vom der sonnendurchfluteten, ländlichen Leben war von Anfang an eine der Hauptquellen des Laura-Ashley-Stils.

OBEN LINKS: *Ein Vierpfostenbett mit Pagodendach nach einem Entwurf von Waring & Gillow in Chippendales »chinesischer Manier«. Diese romantische Interpretation des Fernen Ostens ist nicht ganz im Einklang mit dem sonst so nüchtern wirkenden Raum im Edwardian Style.*

OBEN: *Ein französisches* lit en niche *aus dem 18. Jahrhundert mit Spitzendraperien.*

Die Gestaltung eines romantischen Schlafzimmers

TAPETEN, STOFFE, FARBE UND DEKORATIVES ZUBEHÖR

»Lady Montdores Zimmer war im Geschmack ihrer Jugendzeit eingerichtet, als sie Braut war; die Wandfüllungen waren aus pinkfarbener Seide, die mit Spitze bedeckt war; das große Bett aus Korbgeflecht, das auf einem Podium stand, hatte mit Pink durchschossene Seidenvorhänge. Die Möbel waren weiß und hatten pralle, pinkfarbene Satinpolster, die mit Rosetten aus Seidenbändern geschmückt waren. Auf allen Tischen standen silberne Blumenvasen und eine Menge Photographien in Silberrahmen.«

Nancy Mitford, *Love in a Cold Climate*

Details sind ein wichtiges Element jeder Ausstattung, sie können viel zur Stimmung des Raumes – ob dramatisch oder romantisch – beitragen. Die Hängung des kleinen Bildes mit der riesigen Schleife und den langen Enden mit der auffallenden Paspelierung wirkt sehr dekoriert und extravagant.

Die Farbzusammenstellung in Lady Montdores Schlafzimmer entsprach durchaus dem französischen Geschmack des 18. Jahrhunderts, als man betont feminine und ein wenig überdrehte Farbkombinationen wie süßliches Pink mit Weiß und Silber liebte. Es ist ungewöhnlich, daß Farbzusammenstellungen über ihre Epoche hinaus Gültigkeit behalten, aber diese war so schön wie eine Bonbonniere und konnte in ihrer Art nicht übertroffen werden. Man fügte höchstens gelegentlich eine Farbe mit ähnlich lieblichem Charakter hinzu – wie Aquamarin, Glockenblumenblau, ein paar Spritzer Gold oder vielleicht auch den köstlich scharfen Kontrast von lakritzeschwarzen Tischen und Stühlen.

Auch die Methode, weiße Spitze über pinkfarbene Seide zu legen, erinnert an französische Zusammenstellungen. Sie ist ebenso extravagant wie wirkungsvoll – das filigranartige Muster der Spitze, das sich von dem Pink der Seide abhebt, ist von der gleichen Art wie die delikaten, kunstvollen Dekorationen, die man im Rokoko so liebte. Ganz ähnlich und voller Schnörkel wirken die Muster der wunderschönen französischen Tapeten und Stoffe aus dem 18. Jahrhundert: Flatternde Bänder sind zu zierlichen Schleifen gebunden, die einen kleinen Rosenzweig halten, und feine Bänder winden sich in lockeren Schlingen um die Blumen in einem Korb mit Muscheldekor. Dieses heitere, kapriziöse Muster entspricht ganz und gar diesem frivolen, femininen Stil.

Das Wesentliche einer romantischen Schlafzimmerausstattung liegt darin, Muster aufeinander abzustimmen und die Wirkung von Mustern zu betonen – eine ganz andere Technik als der absichtliche Mustermix beim rustikalen Stil und beim Landhausstil. In einem romantischen Schlafzimmer muß ein einziger Effekt auf den ganzen Raum projiziert werden; die romantische Dekoration ist spektakulär, sie muß total sein, wenn sie richtig wirken soll. Wenn das Hauptmuster sehr delikat ist, muß es alles überfluten, um wirken zu können. Allein schon die großzügige Verwendung eines Stoffes hat etwas Romantisches an sich; man taucht den ganzen Raum in die gleiche Stimmung – das erhöht die dramatische Wirkung ungemein. Daher wird in einem Rokoko-Schlafzimmer, in einem zeltartig dekorierten Raum, oder in einem romantisch eingerichteten Schlafzimmer das Auge von einem einzigen Muster gefangengenommen, das den ganzen Raum mit seinem Idiom überschwemmt und dem Betrachter das Gefühl gibt, er beträte eine andere Welt.

Trompe l'œil-Effekte werden in romantischen Schlafzimmerausstattungen häufig verwendet, denn hier soll eine Illusion geschaffen werden. Der Eindruck von rieselndem Wasser auf Seide, wie ihn das Muster einer Moiré-Tapete hervorruft,

Die florale Borte, mit der die Tischdecke, das Raffrollo und die Bettwäsche abgesetzt sind, und die Ansammlung hübscher, kleiner Objekte geben diesem zeitgenössischen Schlafzimmer eine sehr feminine Note.

kann die Phantasie noch mehr beflügeln, als es eine romantische Dekoration ohnehin tut. Die Wände werden mit einem eleganten Kunstgriff in Bahnen von rieselndem Wasser verwandelt, die das Licht auf sich ziehen und reflektieren. Hier wird – kaum wahrnehmbar – eine Bewegung suggeriert und gleichzeitig der Eindruck von kostbarer Seide hervorgerufen. Alles ist in höchstem Maß romantisch, auch die Schlangenlinien des Musters.

Es ist ein großer Vorteil, daß die Wirkung des romantischen Einrichtungsstils nicht von architektonischen Merkmalen ausgeht, sondern von Stoffen, Tapeten, Farben und besonders von auffallenden Effekten. Beim Landhausstil kann eine Wandvertäfelung, ein Lambris, ein Karnies oder die Größe eines Raumes von unschätzbarem Wert sein. Beim rustikalen Stil schaffen überhängende Dachkonstruktionen und Dachluken viel Atmosphäre. Jeder Zeitstil hat seine bestimmten Merkmale, die ihn für den einen Raum besonders geeignet erscheinen lassen, für den anderen weniger.

Für eine romantische Ausstattung eignet sich jeder Raum. Der Grund liegt darin, das »romantischer Stil« so vieles bedeuten kann. Ein großer, hoher Raum verträgt eine grandiose und extravagante romantische Ausstattung; ein kleiner Raum eignet sich eher für eine delikate Rokokodekoration; ein Schlafzimmer in einem Cottage oder in der Dachkammer einer Stadtwohnung eignet sich besser für eine ländliche Idylle. Andererseits ist es natürlich noch viel romantischer und reizvoller, Kontraste zu schaffen und die Dachkammer in einem Stadthaus in ein Rokoko-Boudoir zu verwandeln, einen Raum in einem Cottage mit zeltartigen Draperien auszustatten oder den Dachboden eines Landhauses mit schlichter, ländlicher Romantik auszustaffieren. Romantischer Einrichtungsstil heißt ungefähr so viel, daß man alle Regeln brechen kann und sich keine Begrenzungen auferlegen muß. Er erfordert sehr viel Vorstellungskraft und kapituliert auch nicht vor dem langweiligsten und winzigsten Raum. Im Gegenteil, der unbeliebteste, häßlichste oder verbauteste Raum kann mit einer dramatischen Interpretation romantischer Ideen völlig verwandelt werden; dazu braucht man nichts weiter als ein paar wunderbare Einfälle, Stoffe und Tapete. Romantischer Stil heißt soviel, wie die Kunst der Illusion beherrschen und den Mut haben, einen Raum total in eine Stimmung zu tauchen.

Da ein romantisches Schlafzimmmer viel mit Phantasie zu tun hat, kann man ausgefallene dekorative Objekte einsetzen – sofern sie eine romantische Geschichte haben – oder auch Konversationsstücke. Wer ständig auf der Suche nach interessanten *objets d'art* ist, hat hier die Möglichkeit, seiner Phantasie freien Lauf zu lassen. »Ich werde nicht versuchen, es in allen Einzelheiten zu beschreiben«, sagt William Parrat, als er das Rokoko-Ankleidezimmer seiner Frau beschreibt, »es ist so voll von kostbarem Nippes.« Je ausgefallener die Ausstattung eines romantischen Schlafzimmers ist, desto größer muß das Repertoire an kleinen Kostbarkeiten sein, damit die Dekoration zur Geltung kommt. Auf dem Frisiertisch kann ein dekoratives Durcheinander von Schmuckstücken, Puderdosen, kleinen Spiegeln, Fächern, Porzellanschälchen mit getrockneten Blüten, versilberten Duftfläschchen und Vasen aus Kristall und Silber herrschen. Auch Kerzenleuchter machen sich gut, und noch dazu ist Kerzenlicht eine sehr romantische Beleuchtung. In einem poetisch gestimmten Schlafzimmer könnte auch ein einfacher Kerzenleuchter mit einem Henkel stehen, so wie man ihn in früheren Jahrhunderten benutzte, wenn man sich in die Schlafkammer zurückzog. Ganz anders wirken dagegen die zierlichen, freischwebenden Formen eines gußeisernen Kronleuchters.

OBEN: *Ein Band, das sich um Rosenzweige windet, gehört seit Jahrhunderten zu den traditionellen romantischen Motiven von Stoffmustern.*

OBEN RECHTS: *Der traditionelle Nierentisch bekommt durch die bodenlange Drapierung aus geblümtem Baumwollstoff und den dicht gerüschten Volant ein völlig neues Gesicht.*

Auch mit ein paar Kunstgriffen läßt sich ein wenig Romantik in einen Raum zaubern: Man kann Vorhänge oder Kissen mit einer Rüsche umranden, die Silhouette eines Stuhles durch eine Stoffverkleidung oder ein loses Sitzkissen auflockern oder den Kaminsims mit einer Musselindraperie akzentuieren – wichtig ist, daß das Motto im ganzen Raum durchgehalten wird und daß alles heiter und beschwingt wirkt.

Auch aus Fenstern kann man wunderbare romantische Phantasiegebilde machen. Sehr romantisch wirken einfache lange Chintzvorhänge, die sich in der leichten Brise bauschen und von Kordeln oder Raffhaltern gehalten werden. Musselin eignet sich besonders gut für ein poetisch-romantisches Schlafzimmer; er ist sehr leicht, läßt sich wirkungsvoll drapieren und wirkt nicht allzu pompös. Eine verschwenderische Fülle von Rüschen und Volants an Raffrollos, Vorhänge mit floralen Mustern und in Faltenbögen gelegte Querbehänge, garniert mit Schleifen und dicken Rosetten, geben einer extravaganten romantischen Ausstattung den letzten Schliff.

Auch die Decke eines romantischen Schlafzimmers kann man mit Phantasie gestalten. Man könnte zum Beispiel die elektrische Zuleitung eines Kronleuchters mit einem Chintz- oder Musselinüberzug verdecken, der in einer Schleife endet; man könnte auch die Stuckrosette an der Decke bemalen, so daß sich das Pink und das Creme der Ausstattung wiederholt. Im 18. Jahrhundert bemalte man die Zimmerdecken gern mit Wolken.

Bis auf den Fußboden ist jetzt alles perfekt. Nun muß man sich entscheiden zwischen den glatten Holzdielen und der plüschigen Oberfläche einer sehr weichen Auslegware. Beide Materialien haben völlig entgegengesetzte Texturen, die die Stimmung eines Raumes dezent unterstreichen können. Schöne Teppiche wirken natürlich in romantischen Schlafzimmern genauso gut wie in allen anderen Räumen, und einem zeltartig mit Stoff verkleidetem Raum könnte man zum Beispiel durch das bunte Mosaik eines persischen oder türkischen Teppichs einen zusätzlichen orientalischen Akzent geben. In einem poetisch gestimmten Schlafzimmer kann man getrocknete, duftende Kräuter auf die blanken Dielen streuen; beim Laufen werden sie zertreten und verströmen ihren Duft.

Einige der interessantesten Anregungen für romantische Ausstattungen kommen aus dem Frankreich des 18. Jahrhunderts, als die Institution des Boudoirs ihren Höhepunkt erreicht hatte. Hier wurde die Idee des lit en niche *ins Moderne übersetzt und statt des Tagesbettes – wie es im Rokoko üblich war – ein Sofa in die Nische gestellt. Die Nische wird von Seitenschals und einem Lambrequin mit lang heruntergezogenen Enden eingerahmt, dessen bogige Kante durch eine Borten- und Quastengarnierung betont wird.*

Die Möbel eines romantischen Schlafzimmers

Romantischer Einrichtungsstil bedeutet, daß man seiner Phantasie freien Lauf läßt und seinen Einfällen nachgibt. Was die Art der Möbel anbetrifft, so gibt es keine Begrenzung. Ein wenig skurrile oder bizarre Stücke sind genau das Richtige, und außerdem macht es großen Spaß, nach ausgefallenen Möbeln für eine romantische Einrichtung zu suchen. Andererseits kann man auch ganz soliden und nüchternen Möbelstücken leicht ein romantisches Flair verschaffen. Einer gewöhnlichen Kommode nimmt man die Strenge mit einem Hauch von Musselin oder einem Spitzenläufer und mit einer interessanten Sammlung von Porzellanobjekten oder Photos. Einen geraden Holzstuhl kann man mit einem losen Sitzkissen herausputzen – der Chintzbezug des Kissens könnte zum Beispiel aus dem gleichen Stoff wie die Bettvorhänge sein und mit Bändern und Schleifen festgebunden werden.

In den meisten romantisch eingerichteten Schlafzimmern ist der Frisiertisch der Hauptblickfang. Eine rechteckige Spanplatte wird mit einer großzügigen Stoffdraperie, die bis auf den Boden reicht, und zusätzlich mit einer Rüsche, mit Schleifen oder einem Volant ausgestattet. Als Material kann man geblümten Chintz, einen ganz einfachen Baumwolldruck mit Streublümchen oder, wie man es im 18. Jahrhundert hielt, eine Zusammenstellung aus zarter Spitze und Schleifen wählen. Darauf stellt man einen Toilettenspiegel – schön wäre ein antikes Stück mit Schubladen für Schmuck und Puderdosen. Diese Verwandlung von prosaischen Dingen erfordert viel Phantasie, und die Kunst der Verwandlung ist das wesentliche Element der romantischen Ausstattung. Mit einer bodenlangen Tischdecke kann man einem Raum eine großzügige Note verleihen, selbst wenn der Tisch nur aus einer Spanplatte besteht. Besonders wirkungsvoll ist es, wenn das Muster der Tischdecke auf die Tapete oder die Bettvorhänge abgestimmt ist.

Jedes Möbelstück kann romantisch wirken, wenn man es mit einer amüsanten Garnierung versieht; es genügt schon ein hübsches rundes Kissen mit einem riesigen Volant, der das Kissen in eine Muschel verwandelt. Französische Möbel aus dem 18. Jahrhundert wirken besonders feminin und zierlich. Auch bemalte Möbel geben dem Raum eine weiche, zum Teil sogar feminine Note. Eine viktorianische Kommode, die in Tabakbraun und sanftem Meergrün bemalt ist, paßt gut in ein poetisch-romantisches Schlafzimmer mit meditativer Stimmung. Eine weiß angestrichene Sitzbank aus Rohrgeflecht wirkt leicht und heiter und unterstreicht die Wirkung eines hellen, luftigen Raumes.

Ganz allgemein gesagt, gibt einem der romantische Einrichtungsstil die Möglichkeit in dekorativen Stücken zu schwelgen und ihre Wirkung sogar noch zu steigern. Jede Art von Oberflächendekoration – Furniere, Marketerie, Einlegearbeiten oder die besonders anspruchsvollen Goldbeschläge – kann voll ausgespielt werden. Es ist ein spielerischer Stil, der beinahe alles sein darf – nur nicht prosaisch.

Das romantische Bett

Das Bett ist der Mittelpunkt und der Blickfang des romantischen Schlafzimmers – es ist maßgebend für die Stimmung des ganzen Raumes. Eine Woge von weißem Musselin, die das Bett einrahmt, kann sehr romantisch sein und erfordert keine weiteren dekorativen Zutaten. Mit viel Stoff und ein wenig Phantasie kann man wunderbare Effekte erzielen. Selbst ein einfaches Bett läßt sich in ein Vierpfosten-

bett verwandeln – man braucht nur den Rahmen hinzuzufügen und es ergeben sich eine Menge dekorativer Möglichkeiten.

Musselin wirkt ganz bewußt unberührt und naiv, er ist so preisgünstig, daß sich jeder leisten kann, verschwenderisch damit umzugehen. Das gleiche gilt für die geblümten Baumwollstoffe, die es in vielen Mustern und in reicher Farbauswahl gibt. Eine romantische Dekoration erfordert keine teuren Materialien – das Geheimnis ist, verschwenderisch mit Stoffen umzugehen. Wenn man sehr extravagant sein will, kann man Rüschen und Volants verwenden. Futterstoffe mit Streublümchenmuster oder aus einem einfarbigem Material bringen die Rüschen besser zur Geltung. Ein Kronenbaldachin mit Draperien, die auf beiden Seiten des Bettes, dicht gerafft, in weichen Schwüngen bis auf den Boden fallen, wirkt sehr verträumt und gekonnt lässig.

Die orientalischen Ottomanen bilden das andere Ende des romantischen Spektrums. Ein zeltartig verkleidetes Schlafzimmer ist vielleicht die romantischste Version. Hier wird der ganze Raum zum Baldachin eines einzigartigen Bettes – romantischer geht's nicht.

OBEN: *Die Schleifengarnitur auf der Decke des Frisiertisches, der Krug mit den frischen Blumen, die Flakons mit den silbernen Deckeln und der delikate, schwarz lackierte, viktorianische Stuhl mit dem Golddekor verleihen dem Raum eine feminine Note.*

RECHTS: *Hier wurde Spitze in Hülle und Fülle verwendet: als Betthimmel – locker über den Rahmen des viktorianischen Vierpfostenbettes aus Messing geworfen – und als untere Begrenzung des Karnies. Die Spitze, die Kaskaden von Seidenbändern, die Blütenbüschel und die üppige Girlande aus Seidenblumen über dem Spiegel geben dem Raum einen Hauch von altmodischer, märchenhafter Romantik. Eine frühere Laura-Ashley-Tapete in Terracotta und Creme bildet den gedämpften Hintergrund für die weichen Pink- und Weißtöne.*

Das Schlafzimmer im Stil vergangener Epochen

Was den Stil anbelangt, so wohnt der moderne Franzose im 18. Jahrhundert, er schläft ebenfalls im 18. Jahrhundert, aber er diniert im 16., dann raucht er gelegentlich seine Zigarre und genießt seinen Kaffee im Orient, und sein Bad nimmt er in Pompeji . . .

Jacob von Falke, *Art in the House*, 1873

Dieses typische Herrenschlafzimmer erweckt den eleganten Regency-Stil mit seinen leicht geschwungenen Linien zu neuem Leben. Im Regency liebte man klare, kräftige Farben, wie das lebhafte Gelb der Tapete. Das Moirémuster der Tapete, das sich auf den Vorhängen wiederholt, erinnert an eine Mode, die im Regency ihren Höhepunkt hatte: die Imitation von Stofftexturen als Tapetenmuster. Statt eines Querbehanges wurden hier eine einfache Stoffbordüre und festonartig gehängte Kordeln verwendet. Die Kordeln verweisen auf die Bedeutung der Seefahrt in der Regency-Epoche. Das zeigt sich außerdem in den Kordel- und Muschelmotiven auf der Frisierkommode und dem Spiegel.

Was heißt »Stilarten vergangener Epochen«?

In Prousts *A la Recherche du Temps Perdu* beißt Swann in eine Madeleine, und mit Hilfe dieses *aide-memoire* beschwört er seine gewaltige Vision der Vergangenheit herauf. Den Stil einer vergangenen Epoche nachempfinden, heißt, den Schlüssel finden, der einem diese Epoche auf eine ähnliche Art und Weise erschließt. Manchmal genügt ein winziges, aber prägnantes Detail wie Prousts Madeleine, um das Flair einer Epoche wieder auferstehen zu lassen. Meistens ist allerdings viel Nachdenken und eine ganze Menge Kunstfertigkeit erforderlich.

Den Stil einer vergangenen Epoche nachzugestalten, ist natürlich eine Gelegenheit, in Nostalgie zu schwelgen – warum auch nicht? Räume in einem bestimmten Zeitstil sind nicht nur für Antiquitätenliebhaber und unverbesserliche Romantiker da; sie sind auch da für sehr stilbewußte Innenausstatter und für ganz gewöhnliche Wohnungen. Die Reproduktion von alten Stoffen, Tapeten, Bordüren und anderen Ausstattungselementen aus jeder kunsthistorisch relevanten Epoche, von der elisabethanischen bis zur Edwardian und darüber hinaus – macht es möglich, daß sich jeder von der Vergangenheit inspirieren lassen kann.

Es gibt zwei Möglichkeiten, diese Inspiration zu verwirklichen. Entweder nimmt man die Elemente verschiedener Epochen und vermischt sie nach seinem persönlichen Geschmack, wodurch etwas ganz Neues entsteht, das dennoch Bezug zur Vergangenheit hat. Oder man bleibt beim Geschmack einer Epoche und wählt als Ausgangspunkt Tapeten, Stoffe und Möbel im gleichen Stil, wobei man der Stimmung der betreffenden Zeit sehr nahe kommen kann. Das wäre die reinere, die Proustsche Methode – ein Versuch, eine bestimmte Epoche durch Kreativität zu neuem Leben zu erwecken.

Aber selbst, wenn man Räume in einem bestimmten Zeitstil gestalten möchte, kann man nicht umhin, etwas aus der heutigen Zeit einfließen zu lassen. In viktorianischer Zeit liebte man historisierende Ausstattungen, und dennoch wirken diese Interieurs auf uns ungeheuer viktorianisch. Sicherlich können auch wir unsere Zeit nicht verleugnen, selbst wenn wir noch so raffiniert an die Sache herangehen. Außerdem ist unsere Einstellung historischen Stilen gegenüber weniger sentimental, wir sind distanzierter und legen unsere eigenen Wertmaßstäbe an. Außer der Kenntnis historischer Stile brauchen wir Spürsinn, um die Möbel, Bilder und dekorativen Objekte aufzuspüren, die in den Charakter einer bestimmten Zeit passen. Vor allem aber ist Kreativität erforderlich, um aus all diesen Elementen einen Raum zu schaffen, der nicht nur die Atmosphäre der Epoche hat, sondern in dem man auch gern wohnen möchte. Man darf den Zeitstil nur als Inspiration betrachten, nicht als Zwangsjacke, denn es geht nicht darum, museale Interieurs zu schaffen. Die Behaglichkeit darf nicht einer akademischen Authentizität geopfert werden, und schließlich ist der letzte Test, den solche Räume bestehen müssen, ihre Tauglichkeit für die Erfordernisse des modernen Lebens.

Die folgenden Bildessays geben einen Einblick in Interieurs vergangener Epochen in zeitlicher Reihenfolge – vom elisabethanischen Stil bis zum Edwardian – sie demonstrieren die Dekorationsprinzipien einzelner Epochen am Beispiel von Details und zeigen, wie man sie in die Praxis umsetzen kann. Das Fluidum einer Epoche kann nachempfunden und zu neuem Leben erweckt werden, so wie es mit Hilfe einer Madeleine bei Proust geschehen ist.

RECHTS: *Die Wiederbelebung historischer Stilarten ist keine neue Idee, vor allem in der viktorianischen Epoche gab es eine Fülle von »Neo«-Nachbildungen der verschiedensten Stilarten. Die Idee für die hier abgebildete Dekoration im »Old French«-Stil entstammt einem Vorlagenbuch aus dem 19. Jahrhundert. »Old French« war die angelsächsische Bezeichnung für die Konstruktion eines Neo-Stils aus Louis-Quinze- und Louis-Seize-Elementen. Zum »Old French«-Stil gehörte auch das* lit en niche. *Der Baumwollstoff mit dem Medaillonmuster in Pink und Grau wurde folgerichtig nach einem Stoff aus dem 18. Jahrhundert geschaffen. Die Stoffdrapierung zieht sich um den ganzen Raum, sie ist Fenster- und Wandverkleidung zugleich und macht aus dem Raum eine Einheit. Die doppelte Rüsche am Querbehang unterstreicht den heiter-spielerischen Charakter der Ausstattung, während die dezent gestreifte Tapete, die hinter der Draperie zu sehen ist, die überschwengliche Stimmung ein wenig dämpft.*

UNTEN RECHTS: *Ausstattungen in historischen Stilarten sind nicht nur für Erwachsene gedacht – Schlafzimmer für kleine Jungen müssen nicht unbedingt eine nüchterne High-tech-Atmosphäre ausstrahlen. Dieses eklektisch eingerichtete Schlafzimmer ist mit Modellen von Rennautos, Flugzeugen, Schiffen und Eisenbahnen nach Vorlagen aus den* Boy's Own-*Jahrbüchern dekoriert. Die Möbel sind angenehm einfach und praktisch. Das hohe Bett und die viktorianische Trittleiter würden jedem Kind Spaß machen. Das spartanische, alte Schreibpult lädt zum Schularbeitenmachen ein.*

Eine elisabethanische Schlafkammer

LINKS: *Beim ersten Blick auf diese elisabethanische Schlafkammer fällt einem vor allem der Kontrast zwischen dem dunklen Holz und den satten, kräftigen Farben der Bettvorhänge auf. Man darf aber nicht vergessen, daß Holz im Laufe der Zeit und durch den Einfluß vom Rauch des Feuers und der Kerzen nachdunkelt. Wahrscheinlich hatte es ursprünglich einen kastanienbraunen Ton, und der reiche Schnitzdekor war in leuchtenden Farben bemalt – möglicherweise in Granatrot, Königsblau, Krapprot, Ochsenblut und Blattgrün mit feinen Goldadern.*

GANZ RECHTS UNTEN: *Dem Bett wurde viel Aufmerksamkeit gewidmet. Je reicher die Vorhänge und je kunstvoller die Schnitzereien, desto besser – denn das Schlafgemach diente in großen Häusern gleichzeitig als offizieller Empfangsraum für hochgestellte Gäste. Die Drapierung der Bettvorhänge war einfach, denn sie hatten außer der dekorativen Funktion vor allem einen praktischen Zweck: Die zugezogenen Vorhänge sollten die Schlafenden nachts warmhalten und vor Zugluft schützen.*

RECHTS OBEN: *Ein wichtiges Detail ist das Erkerfenster. Fenstervorhänge gibt es erst seit Mitte des 17. Jahrhunderts, und auch Glasscheiben waren noch selten in elisabethanischer Zeit. Die Fenster waren entweder aus Buntglas oder mit Wappen bemalt, so daß das Sonnenlicht edelsteinfarbene Reflexe in den Raum warf.*

RECHTS UNTEN: *Die Wände elisabethanischer Schlafkammern wurden häufig mit Stoffen in Gelb- und Naturtönen verkleidet.*

Ein Schlafzimmer im Stuart-Stil

Das hier abgebildete Schlafzimmer mit der niedrigen Decke, den Flügelfenstern mit den steinernen Pfosten, den Eichenholzbalken und den im Laufe der Zeit nachgedunkelten Holzdielen könnte in ein größeres Gutshaus im Stuart-Stil gehören. Die Ausstattung ist ein eklektischer Kompromiß, sie umfaßt Stilelemente aus der gesamten Zeitspanne des 17. Jahrhunderts.

LINKS: *Durch die Dekoration wird der Raum zur Einheit; das Hauptmotiv, die Rosenknospe, bindet die diversen Ausstattungselemente an das Gesamtkonzept. Der Dekorationsstil erinnert an Daniel Marot, Minister unter Wilhelm von Oranien, mit dem er 1688 nach Großbritannien kam. Der Samt und der geblümte Satin der inneren Bettvorhänge, die zur Zeit Wilhelms von Oranien modern waren, wurden hier durch helle Baumwollstoffe mit floralen Mustern und Streublümchen ersetzt.*

LINKS UND LINKS AUSSEN OBEN: *Das Bett selbst ist eine Kombination aus verschiedenen Stilelementen. Für das Kopfbrett wurden geschnitzte Paneele im Jacobean Style verwendet. Der schmucklose Rahmen des Bettes stammt aus einer späteren Periode dieses Stils, als das Bettgestell selbst bereits keinen Dekor mehr hatte, da er unter der Fülle der opulenten Stoffdraperien mit Fransen und Quasten sowieso unsichtbar geblieben wäre.*

LINKS AUSSEN UNTEN: *Auf die frühe Version des Jacobean Style deutet die zurückhaltende Farbkombination der Wände in Marine und Sand.*

LINKS AUSSEN MITTE: *Der Queen-Anne Frisiertisch, die Bürsten mit den Elfenbeinrücken und die Flakons mit den Silberdeckeln stammen aus dem 18. Jahrhundert.*

Ein Schlafzimmer im Louis-Seize-Stil

LINKS: *Dieses Schlafzimmer mit den französischen Fenstern, dem großen Wandspiegel und den lebhaften Farben ist typisch für den delikaten, kultivierten Geschmack der Franzosen im 18. Jahrhundert. Abends flimmerte das Kerzenlicht in den Kristalltropfen des Kronleuchters und wurde durch die Spiegel vervielfacht. Vor dem Hintergrund der gestreiften Tapete in »Kingfisher«-Blau (so bezeichnet im Ashley-Katalog, vielleicht können wir Papierblau sagen) kommen die eleganten Kurvierungen der Möbel und des prächtigen Bettes besonders gut zur Geltung. Die Möbel in dieser Epoche waren eher zierlich als prunkend, so wie der kleine Beistelltisch mit den schlanken, sich nach unten verjüngenden Beinen. Das aufwendigste Möbelstück war immer das Bett. Hier ein* lit à la polonaise, *in typisch französischer Manier mit der Längsseite zur Wand aufgestellt und von einem kuppelartigen Baldachin bekrönt. Die Baldachindraperien werden von s-förmig gebogenen Eisenpfosten gehalten. Ein deutlicher Gegensatz zu den kastenförmigen Betten mit den flachen Baldachinen aus dem 16. und 17. Jahrhundert. Seide war das Eleganteste, was es damals für Fenster- und Bettdekorationen gab. Das Muster, das hier auf Baumwollsatin gedruckt ist, wurde von einer Seide aus Lyon aus dem 18. Jahrhundert kopiert.*

GANZ LINKS OBEN: *Unter der goldfarbenen Kuppel ist der Stoff kunstvoll gerafft, so daß üppige Stoffrosetten entstehen. Hier zeigt sich die große Kunstfertigkeit der Dekorateure.*

GANZ LINKS UNTEN: *Appliken mit echten Kerzen sind eine sehr dekorative Lichtquelle, man fühlt sich unmittelbar in vergangene Zeiten zurückversetzt. Die Türfüllungen wurden mit einem Streifen in »Kingfisher«-Blau abgesetzt, um die Struktur des Raumes zu betonen.*

Ein Empire-Schlafzimmer

Der Empire-Stil begann in Frankreich ungefähr zur Zeit der Revolution; Napoleon war entschlossen, die Größe des Kaiserlichen Rom und der Alten Welt wiedererstehen zu lassen. Der neue Stil breitete sich schnell in ganz Europa aus: In England wurde er bekannt als Regency-Stil, man benannte ihn nach dem Prinzregenten und späteren König Georg IV.

GANZ LINKS OBEN: *Dieser Entwurf für ein »Jagdbett« von 1804 zeigt die wesentlichen Merkmale des Empire-Stils. Die Draperie in Aquamarin ist mit Purpur abgesetzt; sie hängt von einem Ring an der Decke herab, teilt sich in der Mitte und ist über eine Messingstange drapiert, die in dekorativen Ornamenten endet.*

LINKS OBEN: *Das Bild und die Objekte auf dem Kaminsims spiegeln mit ihrem romantisch gestimmten Klassizismus den Geist der Zeit wider. Die Kleidung der Figuren ist ebenso unkonventionell wie sich die ganze Epoche gab.*

RECHTS: *Dieses elegante Schlafzimmer in einem französischen Château reflektiert die Grazie und den Sinn für Symmetrie des Empire. Für den Baldachin wurde weich drapierter Musselin verwendet, ebenso wie für die Fensterdekoration, die das Sonnenlicht filtert. Die Bettdecke ist mit einem grünen Moirémuster bedruckt und mit burgunderfarbener Borte abgesetzt, die auch für die Bettrollen im Empire-Stil verwendet wurde. Das* lit en bateau *und die beiden Stühle haben die typische, flach geschwungene Linienführung von Empire-Möbeln. Der grüne Moirédruck wurde auch als Wandbespannung und für die Polsterbezüge verwendet.*

LINKS UNTEN: *Der gleiche Raum wirkt viel heiterer aber ebenso feminin, wenn man für die Fenster- und Bettdekorationen einen floral gemusterten Chintz verwendet.*

CROWNED HEADS
THOMAS TRYON
GARBO

Ein Schlafzimmer im Edwardian Style

Ungezwungene Eleganz und reiche Dekoration waren die Kriterien des Edwardian Style. Eduard VII. kümmerte sich persönlich um die Ausstattung der königlichen Residenz in Sandringham, die sich durch bequeme Möbel und Dekorationsstoffe in warmen Farben mit maskulin wirkenden Mustern auszeichnete. Uns verbindet mit den Zeitgenossen von Eduard VII. das Bedürfnis nach Behaglichkeit und die Freude an schönen Stoffen, Mustern, Texturen und dekorativen Accessoires.

Die betont maskuline Atmosphäre der Epoche kommt hier durch die kräftigen Töne von Burgunder, Marine und Braun zum Ausdruck. Die Streifen verleihen der Ausstattung etwas Kraftvolles. Das Ledergepäck, das die Spuren jahrzehntelanger Benutzung zeigt, und die Reiterbilder sorgen für eine Atmosphäre, die angenehm an die traditionellen Gentleman's Clubs erinnert.

RECHTS: *In einem anderen Herrenschlafzimmer wurde das gleiche Paisley-Muster wie links verwendet – hier in einer anderen Verteilung der gleichen Farben. Daneben die Tapete in einem Muster aus stilisierten Eichblattmotiven in geometrischer Anordnung und gleicher Farbstellung. Beide Muster verstärken sich gegenseitig und sorgen für eine noch dichtere, reichere Atmosphäre.*

UNTEN RECHTS: *Ausgewählte Details wie der Scherenschnitt, der Tapisserie-Klingelzug und die geniale Unordnung auf dem Herrenfrisiertisch beschwören den Geist der ehrwürdigen Edwardian Epoche herauf.*

Die Quellen des Stils

»... die Wandverkleidungen von einheitlichem purpurnen Papier hingen überall am Hof von Heinrich VIII., kopiert von den Holbeins im Schlafzimmer der Königin in Kensington, in schwarz/goldenen Rahmen. Das Bett soll entweder von Burleigh sein (der Lord Exeter läßt es neu ausstatten, und will einen Teil seines alten Hausrats verkaufen) mit der reichen alten, blind gewordenen Gold- und Silberstickerei, oder wenn es die nicht gibt, und sie neu sein muß, soll es ein Samt sein mit einem dunkelroten Muster auf einem steinfarbenen Seidengrund, mit einer Borte aus Fransen und Quasten.«

Thomas Gray

Der Entwurf für ein Schlafzimmer von Waring & Gillow von 1917. Die Firma kündigt an, daß sie »Schlafzimmermöbel für jeden Geschmack« herstellt; die Abbildung zeigt einen Frisiertisch im elisabethanischen Stil.

Das ist ein Zitat aus einem Brief von Thomas Gray, einem Dichter des 18. Jahrhunderts, der hier sehr lebendig die berühmteste Rekonstruktion eines historischen Schlafzimmers beschreibt, die es je gegeben hat, nämlich der Holbein-Kammer von Horace Walpole, dem es anscheinend ungeheuren Spaß gemacht hat, die »authentischen« Stücke zu beschaffen und solche, die in die Atmosphäre seiner neuen Kreation hineinpaßten. Walpole lehrt uns, daß die Gestaltung eines historischen Stils sowohl kritisches Verhalten wie Phantasie erfordert. Man muß sich über die Merkmale des Stils der betreffenden Epoche informieren, aber gleichzeitig aus dem Vorhandenen schöpfen und die eigene Phantasie benutzen, um die Lücken zu füllen.

Die Vergangenheit ist zu allen Zeiten eine unerschöpfliche Quelle von Ideen gewesen, vom 15. Jahrhundert bis heute. In der Renaissance erwachte ein großes Interesse an der klassischen Kunst, das sich in den europäischen Ländern vor allem in der Architektur und in der Innenausstattung auswirkte. Dieser Entwicklung verdanken wir übrigens die Karyatiden und Säulen an den Betten und Truhen der elisabethanischen Epoche. Das Problem war damals der Mangel an korrekter Information; es gab keine Photographien und nur wenige Bücher. So sind die Formen der Klassik nicht immer in ihrer reinsten Form wiedererschaffen worden. (Inigo Jones war übrigens nicht der einzige Engländer, der nach Italien reiste, um sich persönlich zu informieren.) Der Einfluß der Klassik dauerte bis ins 18. Jahrhundert an, als Walpole seine pittoreske »Gotik«-Mode propagierte und in Italien die Überreste von Herkulaneum und Pompeji ausgegraben wurden, die das Interesse an klassischer Dekoration neu entfachten. In der zweiten Hälfte des 18. Jahrhunderts entwickelte sich in England ein Dekorationsstil, der sich an den Motiven der griechischen Antike orientierte, und in Privathäusern entstanden Ausstattungen nach antikem Vorbild – im Stil einer vergangenen Epoche also. Um 1840 ließ man die Gotik wieder aufleben und schuf – diesmal mit dem Anspruch auf die hohen moralischen Werte, die man in der Gotik verkörpert sah – eine neue gotisierende Stilvariante. Sie war weit entfernt von Walpoles phantasiereicher, pittoresker »Gotik«.

Im 19. Jahrhundert schossen auf beiden Seiten des Kanals und des Atlantik historisierende Stile ins Kraut und bedienten sich jeder nur verfügbaren Epoche. Die Firma Arrowsmith in London, Hoflieferant der Königin, gab einen Katalog mit dem Titel *Home Decorators' and Painters' Guide* heraus; im Untertitel hieß es: »Passend zu den verschiedensten Architekturstilen... griechisch, römisch, arabisch, pompejanisch, gotisch, Cinquecento, François Premier und dem modernen französischen Stil«.

Ein hochviktorianisches Schlafzimmer in einer Darstellung von Richard Redgrave. Der Wandschirm dient dazu, einen Teil des Raumes zum Ankleiden abzuteilen. Wandschirm und Wände sind mit dem gleichen, dicht gemusterten Stoff bezogen, davor der Teppich in einem anderen Muster. Hier wird absichtlich Muster gegen Muster gesetzt. Der Frisiertisch ist die viktorianische Kopie einer Louis-Quinze-Kommode mit den charakteristisch geschwungenen Linien und den feuervergoldeten Bronzebeschlägen.

Heute hat das erneute Interesse an der Vergangenheit eine Flut von Information hervorgebracht, und der Wissensstand der Dekorateure ist viel größer als der ihrer Kollegen aus vergangenen Jahrhunderten. Es gibt eine Menge von Büchern, Photographien und Zeitschriften über historische Einrichtungsstile; authentisch eingerichtete Häuser – vom Cottage bis zum Landsitz – sind dem Publikum zugänglich; Vereinigungen wie die Georgian Society und die Victorian Society fördern das Interesse an jedem Aspekt des Lebens vergangener Epochen; und in den Museen sind mit historischer Genauigkeit rekonstruierte Interieurs der verschiedenen Epochen ausgestellt. Um den Charakter einer bestimmten Epoche lebendig werden zu lassen, braucht man sich nur dieser ausgezeichneten Quellen und dieses Reichtums an zeitgenössischen Darstellungen zu bedienen.

OBEN: *Eine Bradford-Tischtapisserie aus Seide, die als Tischdecke diente, aus dem 16. Jahrhundert. Die Mitte schmückt ein Muster aus Weinlaub- und Traubenmotiven, auf der Bordüre sind lebhafte, ländliche Szenen dargestellt.*

OBEN: *Das gleiche Muster in einer modernen Version.*

Die Gestaltung eines Schlafzimmers im Stil einer vergangenen Epoche

Tapeten, Stoffe, Farbe und dekorative Details

Phantasie ist das Wichtigste, wenn man den Stil einer vergangenen Zeit heraufbeschwören will, das gilt besonders für die Ausstattung eines Schlafzimmers. Die reiche Auswahl an Farben, Tapeten und Dekorationsstoffen ermöglicht es, ein Schlafzimmer im Tudor-Stil oder ein Rokoko-Boudoir in einem modernen Heim einzurichten. Die Stoff- und Tapetenkollektionen von Laura Ashley sind besonders stark in den Mustern aus der Zeit von 1750 bis 1850. Das gesamte Angebot ist natürlich noch viel umfangreicher, es umfaßt die Spanne vom mittelalterlichen Flammenstich und von den Bargello-Mustern, die eine Zierde für jedes Schlafzimmer im Renaissancestil wären, bis zu den kühnen Figurationen der Bloomsbury-Muster, die von Duncan Grant und Vanessa Bell in den dreißiger Jahren entworfen wurden. Quellen für die historischen Muster sind hauptsächlich Chintze, Dekorationsstoffe und baumwollene Kleiderstoffe aus dem 19. Jahrhundert, Damaste aus frühgeorgianischer Zeit, französische Seidengewebe aus dem 18. Jahrhundert und Jahrhunderte alte gepreßte Samte, aber auch Einzelstücke wie die berühmte Bradford-Tapisserie.

Auch aus der Malerei und aus der Druckgraphik kommen mehr und mehr Ideen für wunderbare Muster in den Idiomen historischer Stile, die sich für die Ausstattung von Schlafzimmern verwenden lassen. Eine gestreifte Tapete geht zum Beispiel auf einen Stich in Mezzotinto-Technik aus dem späten 18. Jahrhundert zurück. Auch andere Objekte lieferten Ideen für historisierende Muster, die man für die Ausstattung eines Schlafzimmers verwenden kann: Papiere, mit denen man im 19. Jahrhundert Koffer fütterte, ein viktorianischer Querbehang, den man in einem Antiquitätengeschäft entdeckt hatte, oder ein altes Nadelkissen.

Wichtig ist auch die Überlegung, welche Stoffarten in bestimmten Epochen verwendet wurden. Baumwollsatin wurde zum Beispiel im 19. Jahrhundert häufig für die Polstermöbel von Wohnzimmern verwendet. Er hat einen weichen, satinartigen Glanz, läßt sich gut drapieren und ist daher ein idealer Stoff für die Bettvorhänge und Fensterdekorationen eines viktorianischen Schlafzimmers. In früheren Zeiten verwendete man für die Bettdekorationen und die Polsterbezüge gern Seiden- und Satinstoffe – auch hier ist Baumwollsatin der geeignete Stoff, mit dem man bei Draperien den schönsten Faltenwurf erreichen kann. Der »Dobby-weave« (ein robuster Bezugsstoff mit einem Webmuster aus kleinen geometrischen Motiven) hat seine Wurzeln im 18. Jahrhundert, es ist ein sehr strapazierfähiger Polsterstoff.

Im Laufe von Jahrhunderten verändern sich Gewebe durch Abnutzung und die Einwirkung von Licht, sie bekommen Patina und die Farben werden weicher. Laura Ashley hat eine Kollektion von broschierten Samten und Brokaten, die nach alten venezianischen Vorbildern geschaffen wurde, mit einem neuen Verfahren behandelt, um künstlich Patina zu erzeugen. Nach der Behandlung wirkt die Grundfarbe unterschiedlich verblichen, die Goldpartien sind an einzelnen Stellen blind und von den Goldfäden lösen sich einzelne Flusen. Dieser Effekt wurde besonders von jenen Innenausstattern begrüßt, die Räume in historischen Stilarten einrichten (Thomas Gray spricht von den blind gewordenen Goldfäden der Stickerei), denn durch Patina erweckt ein neu eingerichteter Raum den Eindruck, als hätte man schon viele Jahre darin gelebt.

Die dekorative Hängung von Bildern kann die Atmosphäre eines bestimmten Stils unterstützen. Gegen Ende des 18. Jahrhunderts hängte man kleine Graphiken an lange Samtbänder, die oben in einer Schleife endeten. Gewöhnlich verwendete man sie paarweise, sie flankierten ein größeres Bild oder ein dekoratives Objekt. Die Schnüre, an denen die Bilder aufgehängt wurden, hatten häufig eine dekorative Funktion. Zuweilen wurden die Bilder auch ohne Rahmen aufgehängt und an großen Taftschleifen oder an dekorativen schwarzen Seidenkordeln befestigt. In viktorianischer Zeit bevorzugte man eine gruppenweise Hängung, symmetrisch oder – seltener – asymmetrisch. Weder der Inhalt noch der Stil der Bilder waren für die Zusammenstellung der Gruppierungen ausschlaggebend, sondern allein ihre Größe und ihre Form.

Wenn man einen Raum in eine andere Zeit versetzen will, muß man lernen, sich zu behelfen. Wenn kein Karnies vorhanden ist, kann man sich mit einer Tapetenbordüre aus der Affäre ziehen, das gilt auch dann, wenn eine fehlende Fußleiste oder die Abschlußleiste einer Lamperie ersetzt werden muß. Die glatten modernen Türen kann man durch Profilleisten verändern – man sollte dabei nicht vergessen, daß die Paneele alter Türen im oberen und unteren Teil der Tür selten die gleiche Tiefe haben. Auch alte Türbeschläge können sehr hilfreich sein. Verspiegelte Flächen können das 20. Jahrhundert nicht verleugnen, man kann sie sehr wirkungsvoll verändern, wenn man ein Stück Spitze darüberlegt. Die Ausmaße eines Fensters kann man durch Seitenschals und Querbehänge optisch verändern; man kann es höher oder breiter machen. Auch der Stil der Fensterdekoration und die Wahl des Materials können sehr aussagekräftig sein. Zeitgenössische Vorlagenbücher für Polsterer sind eine Quelle wertvoller Ideen für die Gestaltung von Seitenschals und Querbehängen.

Die Fußböden sind ein anderes Problem. In früheren Zeiten wurden die Fußböden fast immer kahl belassen; man kann trotzdem mit einem unauffälligen Teppichboden einen Kompromiß zwischen historischer Authentizität und Komfort eingehen. Die früheste Auslegware war die Fasermatte, sie kam Anfang des 17. Jahrhunderts auf. Veloursteppiche mit Bordüren als Auslegware erschienen zum erstenmal im 18. Jahrhundert. Reproduktionen beschränken sich nicht auf Tapeten und Stoffe; es werden auch Reproduktionen von Brüssel-Bouclé-Teppichen und von abstrakt gemusterten Teppichen aus den dreißiger Jahren angefertigt.

Details sind sehr wichtig für ein stilechtes Schlafzimmer. Einzelne Objekte, die sehr typisch für eine bestimmte Epoche sind, helfen dem untrainierten Auge, den Stil eines Raumes zu identifizieren. Ein Waschtisch mit Wasserkrug und Waschschüssel ist zweifellos viktorianisch, während zierliche Porzellanobjekte wie Putten oder Schäferinnen auf die Mitte des 18. Jahrhunderts deuten. Diese wichtigen, kleinen Objekte sprechen für sich und schaffen ein authentisches Ambiente, das man unbewußt wahrnimmt. Sobald man diese typischen Objekte gefunden hat, kann man andere dekorative Elemente hinzufügen, die weniger charakteristisch – wenn auch genauso authentisch – sind. Dadurch wird das Ganze nuancenreicher.

Das Problem der Beleuchtung wird häufig übersehen: ein Schlafzimmer in einem bestimmten historischen Stil wirkt echter, wenn man zeitgenössische Lampen oder Kerzenleuchter verwendet. Wenn man mag, kann man sie elektrifizieren lassen – aber nichts sieht so stilecht aus wie Kerzenlicht. Kronleuchter läßt man am besten elektrifizieren und verkleidet die elektrische Zuleitung mit einem hübschen Stoff, der auf die übrigen Muster im Raum abgestimmt ist. Kleine Kerzenleuchter aus Porzellan mit einem Henkel, die man benutzte, wenn man sich ins Schlafzimmer zurückziehen wollte, sehen meist viktorianisch aus. Man kann sie sogar noch kaufen. Ein Kerzenleuchter mit einem sehr hohen Schaft strahlt Empire-Atmosphäre aus – seine Wirkung wird erhöht, wenn man ein Paar hat und sie in perfekter Symmetrie rechts und links vom Bett oder vom Spiegel aufstellt.

Auch die Hängung von Bildern ist ein wichtiger Schlüssel zum Stil einer Zeit. Jede Epoche hat ihre eigene Art, Bilder zu hängen. Im 17. Jahrhundert nagelte man Porträts unbekümmert auf teure Tapisserien, ohne über das wertvolle Material oder über die Symmetrie nachzudenken; im frühen 18. Jahrhundert hängte man die Bilder von der Decke bis zum Fußboden; und in viktorianischer Zeit hängte man sie in Zweier- oder Dreiergruppen auf.

Die Möbel eines stilechten Schlafzimmers

Wenn man sich eine vollständige Einrichtung aus der Zeit leisten kann und auch den Geschmack und das Wissen hat, alles zur Geltung zu bringen, ist das Problem gelöst. Wenn das nicht der Fall ist, muß man schöpferisch sein. Für einen Raum im georgianischen Stil kann man zum Beispiel die weniger kostspieligen Möbel in der ländlichen Stilvariante verwenden; sie sind gut gearbeit und wirken elegant. Bei den meisten Stilarten – einschließlich des elisabethanischen Stils – hat man die Möglichkeit, auf viktorianische Kopien zurückzugreifen, die noch reichlich auf dem Markt sind. Auch die modernen Reproduktionen sind gut, man bemüht sich hier sogar sehr um Patina.

Ein einziges Möbelstück aus der Zeit, das charakteristisch ist für eine bestimmte Epoche, kann viel bewirken, um einem Schlafzimmer Atmosphäre zu geben, selbst wenn der Rest der Einrichtung nicht sehr charakteristisch für die betreffende Epoche ist. Eine kleine Trittleiter fürs Bett aus dem 17. Jahrhundert oder ein Nachttisch einschließlich Nachttopf aus dem 18. Jahrhundert sind zum Beispiel sehr typische Möbelstücke. Sie lassen nicht nur erkennen, wie ein Schlafzimmer damals aussah, sondern wie man es benutzte. Wenn viktorianischer Stil gefragt ist, wäre eine üppig gepolsterte Chaiselongue die richtige Ergänzung des Mobiliars. Ein Frisiertisch mit zarter Spitzendekoration oder ein zierlicher Schreibtisch mit Frontklappe, mit Bändern und Putten bemalt, beschwört das Rokoko herauf. Auch ein Paravent kann authentisch wirken; er erinnert an das 18. oder 19. Jahrhundert, je nach Form, Dekoration oder Verwendung. Man kann ihn als Kaminschirm benutzen oder als Raumteiler für eine Ecke, die man sich zum Ankleiden oder zum Teetrinken reservieren möchte. Man kann ihn auch als rein dekoratives Element verwenden und hinter einem Tisch aufstellen, auf dem Pflanzen in viktorianischen Übertöpfen stehen.

Polstermöbel kann man durch einen neuen Bezug in eine andere Zeit versetzen: das ist nicht allzu teuer und kann leicht wieder geändert werden. Auch das Aufstellen der Möbel ist wichtig; wenn man Möbel und Stühle zum Beispiel an den Wänden entlang aufstellt und das Bett mit dem Kopfende in der Mitte der Wand, geht man auf die Zeit vor 1750 zurück.

Etwas, was heute so selbstverständlich ist wie ein Kleiderschrank, gehörte nicht immer zur Einrichtung eines Schlafzimmers. In einem bescheideneren Tudor-Haushalt gab es nur eine Nische in der dick verputzten Wand, in der die Kleider hingen und durch einen dekorativen Vorhang vor Staub geschützt wurden. Später standen die großen Kleider- und Wäscheschränke auf dem Treppenabsatz vor dem Schlafzimmer und wirkten mit ihren monumentalen Ausmaßen recht imposant. Der französische Stil des 18. Jahrhunderts läßt sich durch einen eleganten französischen Schrank heraufbeschwören, der sich durch seinen Schnitzdekor, die verglasten Türen und die gefältelten Seidengardinen von den etwas plumperen englischen Kleiderschränken unterscheidet.

Es gibt eine sehr kreative Art, einen Raum »stilecht« auszustatten, für die man nichts außer einem guten Auge braucht. Horace Walpole ist ein unfreiwilliges Beispiel: er erwarb auf einer Auktion Stühle und einen Tisch für sein Holbein-Zimmer in Strawberry Hill. Er und seine Freunde hielten die Stücke für Tudor-Möbel – in Wirklichkeit stammten sie aus Indonesien und waren aus dem 17. Jahrhundert. Aber das Wichtigste daran war, daß sie für ihn und seine Freunde »gotisch« waren.

Die eleganten Kurvierungen dieser viktorianischen Chaiselongue aus Mahagoni wirken sehr stilecht. Repliken historischer Muster unterstreichen die Wirkung. Diese Reproduktion eines Stickereimusters in Flammenstich ist mit einer salbeigrünen Borte abgesetzt; die Kante der Kopfrolle wurde adrett mit einem Keder umrandet und die Enden mit einem typisch viktorianischen Accessoire, einer Quaste, geschmückt.

Ein einfaches, eisernes Bettgestell wurde weiß angestrichen und mit Hilfe eines Vierpfostenrahmens in ein viktorianisches Bett verwandelt. Die Bettvorhänge sind aus einfachem Baumwollstoff, mit einem frühviktorianischen Streublümchenmuster bedruckt, das auch für die Steppdecke und die Fensterdekoration verwendet wurde. Bett- und Fenstervorhänge wurden in ungebügelte Kellerfalten gelegt. Die Bettvorhänge wurden mit einem passenden Muster abgefüttert. Typisch viktorianisches Zubehör sind der Waschtisch nebst Wasserkrug und Waschschüssel und der »Slipper chair«.

Das stilechte Bett

Das wunderbare Gefühl, in einem Schlafzimmer aus der Zeit zu schlafen, das von einer wissenden und liebenden Hand restauriert wurde, beschreibt James Lees-Milne, ein Vorkämpfer des British National Trust in *Ancestral Voices:*
»Ted hatte mir das Nordzimmer neben dem Gesellschaftszimmer gegeben, das Zimmer mit dem Doppelbett und den Originalvorhängen in Blau/Grün und Weiß mit Krüwelstickerei ... Ich lag im Bett, während eine Kerze in einer Glaskugel vor sich hintropfte (denn es gibt kein elektrisches Licht im Haus) und fühlte die dünne, flackernde Flamme des Kaminfeuers mehr als ich sie sah, denn die Bettvorhänge waren halb zugezogen.«

Lees-Milne hält sich in seiner Schilderung an die Dinge, die den Zeitstil charakterisieren: eine Kerze und ein Kaminfeuer statt elektrisches Licht und Zentralheizung bringen Leben und Atmosphäre in einen Raum. Außerdem ist natürlich das Bett wichtig. Was hier interessant ist, sind die Bettvorhänge, nicht das Bettgestell; sie vermitteln die Atmosphäre einer vergangenen Epoche. Ein moderner Vierpfostenrahmen läßt sich leicht verwandeln, man braucht dazu nur ein einziges Element – ein Stück Stoff. Selbst das einfachste Gestell läßt sich geschickt durch Stoff verbergen, den man je nach Stil arrangieren kann.

Stoff ist seit dem 13. Jahrhundert das wichtigste Mittel, um ein Bett auszustatten. Im 18. Jahrhundert gab es eine Vielfalt von Dekorationsstilen für ein Bett; das Bettgestell war fast immer gleich, es wurde nur auf verschiedene Art und Weise mit Stoff verkleidet. Aus einem einfachen *lit en bateau* wurde ein *lit à la polonaise,* wenn man es mit einer Draperie dekorierte, die von einer an der Decke befestigten Krone herabfiel; wenn die Draperie von einer Krone herabfiel, die an der Wand hinter dem Kopfende des Bettes befestigt war, handelte es sich um ein *lit à la couronne;* stellte man das Bett längs zur Wand in eine flache Nische, die mit dekorativen Draperien geschmückt war, wurde daraus ein *lit en niche.* All diese Bettdekorationen lassen sich leicht rekonstruieren.

Es ist schwierig, Betten aus der Zeit zu finden – mit einigen Ausnahmen. In Antiquitätenläden entdeckt man zuweilen herrliche viktorianische Messingbetten oder französische Betten aus dem 19. und frühen 20. Jahrhundert mit zum Teil sehr interessanten Kopfbrettern, oder die sehr reizvollen Betten im Kolonialstil mit den Füllungen aus Korbgeflecht und den geschnitzten Pfosten aus schönfarbigen, gemaserten tropischen Hölzern, die in der edwardianischen und in der viktorianischen Epoche sehr beliebt waren.

DAS SCHLAFZIMMER IM URBANEN WOHNSTIL

Und in ihrem Schlafzimmer, einem kühlen Raum, in den nur die Morgensonne schien ... zog sie sich gewöhnlich mit Sorgfalt an und bürstete ihr Haar ... Manchmal war es noch hell, wenn sie zu Bett ging, aber da ihr das Licht so viel bedeutete, ließ sie ihr Buch sinken und beobachtete, wie es langsam schwächer wurde und seine Farbe änderte ... Ihr Bett war weiß und ohne Zierrat und ein wenig zu klein.

Anita Brookner, *Hotel du Lac*, 1984

Was ist urbaner Wohnstil?

Urbaner Wohnstil ist völlig kosmopolitisch und international. Seine Elemente sind die gleichen zu beiden Seiten des Atlantik und sogar am anderen Ende der Welt. Es ist ein Stil, mit dem es sich leicht leben läßt und der sehr experimentierfreudig ist. Er hat etwas Großstädtisches an sich, etwas Straffes, einen bestimmten Rhythmus, smart und optimistisch. Farbe wird entweder als gewagtes Statement oder als subtiler Hintergrund verwendet. In Frage kommen Rapportmuster mit stilisierten Motiven, die deutlich auf graphische Wirkung abzielen, oder hellere, gleichmäßig bedruckte Stoffe. Ein Schlafzimmer im urbanen Stil kommt ohne Schleifen und Quasten aus, seine Atmosphäre strahlt Ausgeglichenheit und kühle Zurückhaltung aus, in der Design und Dekoration sich die Waage halten.

Das urbane Schlafzimmer bezieht zwar auch Ideen aus vergangenen Stilepochen. Es darf aber kein Stil dominieren, damit die Atmosphäre nicht beeinflußt wird. Objekte aus vergangenen Epochen zeigen völlig neue Facetten, wenn sie aus ihrem ursprünglichen Zusammenhang herausgelöst werden. Klassische Motive und architektonische Elemente machen sich auffallend gut in modernen Interieurs. Ein traditionelles Patchworkquilt zum Beispiel kann mit seinen geometrischen Mustern einem zeitlos eingerichteten Raum einen starken Akzent geben und ein vergoldeter Stuhl aus einer längst vergangenen Zeit wirkt vor einem spartanischen Hintergrund noch elitärer. Hier geht man mit der Vergangenheit so um, daß sie wie zeitgenössisch wirkt, nicht umgekehrt. Wenn man in einen modern eingerichteten Raum einen Hauch von Eklektizismus hineinbringt, wirkt er noch moderner.

OBEN: *Eleganz gepaart mit spartanischer Einfachheit bestimmen die behagliche Atmosphäre dieses urbanen Schlafzimmers mit seinen blanken Holzdielen. Das graphische Muster des schmiedeeisernen Bettgestells hebt sich wirkungsvoll von dem sparsam möblierten Hintergrund ab.*

LINKS: *Das kleine Schlafzimmer einer Stadtwohnung erhält durch die kontrastierenden Stoffe der Fenster- und Bettverkleidung etwas von der Grandeur großer Ausstattungen aus vergangenen Jahrhunderten; das ausdrucksvolle, frische Streifenmuster holt es in die Gegenwart zurück.*

RECHTS: *Das ist das kombinierte Wohn/Schlafzimmer eines Puristen. Trotz der Sparsamkeit der Möblierung, die hier etwas sehr Elitäres an sich hat, weist die Ausstattung alle Elemente des Eklektizismus auf: einen Flügel, Fragmente einer korinthischen Säule und japanisch anmutende Blumenarrangements. Trotzdem fügt sich alles harmonisch zusammen. Das Bett ist der Mittelpunkt des Raumes, die daunenweiche Ausstattung und das Pünktchenmuster sind ein wohltuender Kontrast zu der Geradlinigkeit des Raumes.*

Das klassische urbane Schlafzimmer

Eines der Hauptprobleme, das das Leben in Großstädten mit sich bringt, ist die Frage des Raumes. Man ist häufig gezwungen, Wohn- und Schlafzimmer zu kombinieren. Das ist eine Herausforderung für jeden Designer. Andererseits haben einige Häuser aus dem 18. und 19. Jahrhundert, die heute in Studiowohnungen aufgeteilt sind, so hohe Räume, daß der Einbau einer Galerie als die beste Lösung des Raumproblems erscheint.

RECHTS: *Dieses geräumige Studio wurde in drei Bereiche aufgeteilt: den Hauptwohnbereich, den Schlafbereich auf der Galerie und einen intimeren Eßbereich auf der unteren Ebene. Zusammengehalten werden die verschiedenen Bereiche durch das Streifenmuster und ein kühles Muster in Grau und Apricot.*

LINKS OBEN: *Der Wandschirm ist ein Einrichtungsgegenstand, der Geschichte hat. Hier, im Schlafzimmer einer Stadtwohnung, ist er nützlich und dekorativ zugleich. Er ist sehr wandelbar, und sein Stil hängt von seiner Form und seinem Bezug ab. Als Raumteiler ist er vielseitig verwendbar – man kann ihn verschieben oder auch ganz woanders hinstellen.*

LINKS MITTE: *Das Dekorationsschema hält die beruhigende Ausstrahlung der glatten Wändflächen in weichem Apricot und die peppige Unbekümmertheit von Duncan Grants quirligen Mustern im Gleichgewicht.*

LINKS UNTEN: *Die Fensterdekoration ist zwar abgeleitet von historischen Vorbildern, aber völlig modern gestaltet. Statt mit einer Fransenborte, schließen die Rollos mit einer Stoffblende ab. Ein eleganter Faltensaum als oberer Abschluß löst den früher üblichen, festlich drapierten Querbehang mit Rosetten und Festons ab; er wird unterstrichen durch eine gedrehte Kordel in Apricot, die in der Mitte und an beiden Enden geknotet ist.*

Die Quellen des Stils

In den achtziger Jahren bekam der urbane Einrichtungsstil eine elegantere, raffiniertere Note. Der kecke Überschwang der sechziger Jahre wurde von einer gesteigerten Sensibilität abgelöst, und die Nostalgie der siebziger Jahre machte einer objektiveren Einschätzung der Vergangenheit Platz. Die Quellen des urbanen Einrichtungsstils für ein Schlafzimmer reichen vom strengen Stil Le Corbusiers bis zum Schlafzimmer im Landhausstil, entworfen von John Fowler – zuweilen treten sogar beide Stilrichtungen im gleichen Interieur auf. Einzelne antike Objekte, Stücke aus fernen Ländern oder Relikte der Natur werden vor einen Hintergrund von schlichter Eleganz postiert. Das Resultat ist mehr als die Summe der Einzelteile.

Ein Blick auf die Neuerungen im Architekturdesign wirft Licht auf die Entwicklung der Innenausstattung. Modernismus ist heute nicht mehr das einzige Stilkriterium für eine zeitgenössische Umgebung. Heute werden die klassischen Ordnungen neu erfunden und mit anderen Augen gesehen. Gleichzeitig gehen die Architekten mit dem Eklektizismus spielerischer um, sie jonglieren mit Motiven aus verschiedenen Epochen und vermischen unbekümmert die Formen. Flächen in kräftigen Farben wechseln sich ab mit der strukturierten Oberfläche von Natursteinen als Ausdruck eines neuen, beschwingten Lebensgefühls. Dieser Trend beschränkt sich nicht auf die Architektur, er ist auch in der Innenausstattung zu finden. Hier wie dort besteht der gleiche intellektuelle Trend zu klaren, einfachen, klassischen Formen vor einem modernen Hintergrund, zu Interieurs, in denen die Architekturelemente und das Mobiliar sich zu einer Gesamtkomposition zusammenfügen.

OBEN: *Die siebziger Jahre sind gekennzeichnet durch eine nostalgische Hinwendung zur rustikalen Tradition und durch die Verwendung natürlicher Materialien. Blasse und gedämpfte Farbtöne waren eine Reaktion auf die grellen Interieurs der sechziger Jahre. Dennoch wirkt die langgestreckte, flache Liege aus Korbgeflecht ausgesprochen modern.*

RECHTS: *Dieses Schlafzimmer ist ein Entwurf des postmodernen Architekten Charles Jencks. Er verbindet klassische Dekorationselemente mit den gotisierenden Motiven am Bett zu einem witzigen Eklektizismus. Das Schlafzimmer hat einen kreuzförmigen Grundriß und wird durch das Oberlicht direkt über dem Bett in Tageslicht getaucht.*

Die Gestaltung eines Schlafzimmers im urbanen Wohnstil

Tapeten, Stoffe, Farbe und dekorative Details

In einem Schlafzimmer, das im urbanen Wohnstil eingerichtet ist, herrscht eine gewisse Kühle und Distanziertheit. Es wirkt frisch, selbstbewußt und smart, die Räumlichkeit wird betont. Die Wände bleiben gewöhnlich unverstellt, was dem Raum mehr Weite gibt. Der Nuancenreichtum in Farbe und Textur ist das Resultat von Farbeffekten und Maltechniken; verschiedene Schattierungen der gleichen Farbe werden in mehreren Schichten und mit verschiedenen Maltechniken aufgetragen: mit fast trockenem Pinsel getupft, gespachtelt oder mit dem Schwamm leicht aufgetupft. Die bevorzugten Farben sind ein blasses Jadegrün über Jade; Koralle über Terracotta; und Rosé über Pflaume. Auffallendere Farbeffekte kommen zustande durch Antikisieren, Masern oder Marmorieren.

Wenn überhaupt Tapete verwendet wird, geht der Trend zu unauffälligen Mustern. Beispiel ist ein abstraktes Muster, das eher einer Fläche von gebrochenen Farbtönen gleicht als einem Rapportmuster. Eine Alternative hierzu sind einfache, klar definierte geometrische Muster oder Streifen, die entweder breit und kontrastarm oder fein und kontrastreich sind: breite Streifen in dunklem Creme und Elfenbein, schmale Streifen in frischem Blau/Weiß oder die neuerdings sehr beliebten schwarzen Lakritzestreifen auf weißem Grund.

Ein Fußboden aus marmorierten Fliesen im Schlafzimmer wirkt wie eine kühle Brise. Die Idee stammt aus italienischen Palazzi, nimmt aber in einer modernen Umgebung einen völlig anderen Charakter an. Man kann den Fußboden auch mit Schablonenmustern bemalen und als Vorlage ein schönes, altes Fußbodenmuster aus einem Landhaus verwenden, das man entsprechend vereinfachen kann. Man kann auch schlichte, neutrale Binsen- oder Kokosmatten auf den Boden legen und zusätzlich ein oder zwei schöne Brücken darüber. Ungestrichene, geschrubbte Holzdielen, wie man sie im 18. Jahrhundert hatte, haben einen weichen Farbton, der die verblichenen Farben antiker Teppiche besser zur Geltung bringt als gewachste oder glänzende Böden. Aber auch ein gewachster Boden, der wie eine Tanzfläche glänzt, kann in einem Schlafzimmer sehr elegant aussehen. Durch das Wachs bekommt das Holz einen sanften Goldton, und sein Glanz reflektiert die perfekte Eleganz des Raumes. Ein Teppichboden in einer ruhigen Farbe hat zwar weniger Textur, aber den gleichen Effekt wie eine Matte und ist auf jeden Fall der unauffälligste, zurückhaltendste Fußbodenbelag für ein Schlafzimmer.

Da man heute wieder mehr Wert auf Muster, Gewebe und Texturen legt, verwendet man gern mehrere Muster und kontrastiert sie mit einfarbigen Flächen. Ein stilisiertes Streublümchenmuster sieht sehr schick aus, wenn es mit einem eleganteren Muster, vielleicht einem Streifenmuster, kombiniert wird. Da die Blütenzweige sehr klein sind, bekämpfen sich die Muster gegenseitig nicht. Mehr und mehr Muster wurden von der jüngsten Vergangenheit inspiriert, sie zeichnen sich durch frische Farben und einen lockeren Entwurfsstil aus. Sie eignen sich besonders gut für ein Schlafzimmer; sie drängen sich nicht in den Vordergrund, selbst wenn man sie im Überfluß verwendet.

Die Architekturelemente eines alten Hauses können für die Ausstattung eines urbanen Schlafzimmers von Vorteil sein. Authentische Kamine, ein plastischer Fries, eine Lamperie oder Fensterläden läßt man heute fast immer *in situ;* sie

OBEN: *Die Einbeziehung architektonischer Details in das Gesamtkonzept ist ein wichtiger Aspekt bei der Ausstattung von Stadtwohnungen. In den vergangenen Jahrzehnten neigte man dazu, dekorative Stuckmotive und -friese zu entfernen oder zu verdecken – heute machen sich die Innenarchitekten ihre reizvolle Wirkung zunutze.*

OBEN: *Die blau/weiße Dekoration dieses Schlafzimmers bezieht ihre Inspiration von chinesischem Porzellan. Der marmorierte Fußbodenbelag suggeriert Kühle, und die verspiegelten Wände täuschen Räumlichkeit vor – was einer engen Stadtwohnung sehr zugute kommen kann.*

OBEN: *Die Reduktion von Farbe und Form auf ein Minimum ist das wesentliche Merkmal urbaner Eleganz: die klassischen Formen der Lampen und die Beschränkung auf eine Farbe sind typisch.*

UNTEN: *Eine dekorative Bordüre umrandet den Türrahmen und schließt die Sockelzone ab; parallel dazu verläuft die obere Kante der einfachen Sitzbank, deren Polster mit kariertem Gingham bezogen ist.*

unterstreichen durch ihre Authentizität den freundlichen, eklektischen Charakter eines Schlafzimmers. Die Fensterdekorationen werden meist sehr einfach gehalten, damit die architektonische Struktur der Fenster sichtbar wird. Da Licht, besonders in Stadtwohnungen, ein wichtiger Ausstattungsfaktor ist, kann man die Fenster auch völlig undekoriert lassen oder Raffrollos anbringen, die die Fenster nicht verdecken.

Für Fensterdekorationen im urbanen Stil holt man sich heute gern Anregungen beim Regency. Man könnte zum Beispiel einen Vorhangstoff verwenden, der das gleiche Streifenmuster hat wie die Tapete. Beim Querbehang läßt man den Stoff in der Mitte der Stange in einem weichen Bogen durchhängen und die Seiten locker herunterfallen. Die kaskadenartig fallenden Stoffenden faßt man mit einer stilisierten Borte ein. Man kann auch Seitenschals ohne Querbehang verwenden. Man hängt sie an eine einfache Gardinenstange und läßt sie glatt herunterfallen oder rafft sie in einer weichen Drapierung nach rechts und links und fixiert sie auf beiden Seiten mit sehr schlichten Raffhaltern. In ihrer Einfachheit sind Fensterläden die perfekte Kulisse für eine Stadtwohnung.

Den letzten Schliff geben die dekorativen Details, und von ihnen hängt es ab, ob eine Ausstattung fade wirkt oder ob die unkonventionelle, aber klar definierte Prägnanz deutlich wird, die für den urbanen Wohnstil charakteristisch ist. Mit Bordüren kann man die klare Linienführung eines Raumes unterstreichen und die Räumlichkeit betonen. Man kann den Blick auf ein Fenster lenken, indem man es mit einer Bordüre umrandet oder man kann die Abschlußleiste der Sockelzone mit einer Bordüre nachzeichnen. Die geraden Linien der Bilderrahmen unterstreichen die Wirkung von Bordüren. Pflanzen werden oft als Designelemente eingesetzt; im Schlafzimmer einer Stadtwohnung sind die plastischen Formen von Grünpflanzen wirkungsvoller als Blumen. Kissen und Kopfkissen werden mit adretten Kedern in einer kontrastierenden Farbe versehen, um eine graphische Wirkung zu erzielen. Die dekorativen Objekte sollten so gewählt werden, daß sie die Aufmerksamkeit auf sich ziehen. Man sollte sich aber auf wenige Stücke beschränken, damit jedes einzelne seine Wirkung voll entfalten kann.

Besonders im urbanen Schlafzimmer sind es die dekorativen Objekte, von denen die unmittelbare Wirkung eines Raumes abhängt, und die weitgehend seinen Charakter bestimmen.

Die Möbel eines urbanen Schlafzimmers

Gewöhnlich stehen in einem urbanen Schlafzimmer nicht viele Möbel. Darin drückt sich der Wunsch aus, den Luxus von viel ungenutztem Raum zu genießen oder einfach nur der Wunsch, in einer behaglichen Atmosphäre ohne vollgestopfte Räume zu leben. Viele Schlafzimmer in Stadtwohnungen müssen so ausgestattet sein, daß sie tagsüber als Wohnzimmer, Speisezimmer oder Kinderschlafzimmer benutzt werden können.

Für das urbane Schlafzimmer eignen sich mehrere Arten von Möbeln. Dazu gehören vor allem jene unaufdringlichen, modernen Sitzmöbel – die lange, niedrige Sitzbank mit starker Betonung der Horizontalen, die optisch wenig Platz einnimmt. Auch bestimmte rustikale Stücke wie Holzstühle mit hoher Lehne oder lange, niedrige Kommoden lassen sich verwenden. Ihre Einfachheit verträgt sich gut mit den klar definierten Linien der urbanen Atmosphäre.

Möbel aus einer historischen Zeit heben sich hervorragend von einer modernen Kulisse ab; sie machen das Schlafzimmer interessanter und steigern seine Ausstrahlung. Die lyrischen Arabesken einer Stuhllehne aus dem 19. Jahrhundert nehmen sich in einer sparsam möblierten, raffiniert einfachen Umgebung besonders gut aus. Greifen, Masken und vergoldete Beschläge sind ein amüsanter Kontrast zu dem zurückhaltenden Charakter eines mit schlichter Eleganz eingerichteten Raumes. Das Geheimnis liegt darin, sparsam mit antiken Stücken umzugehen. Sie kommen am besten zur Geltung, wenn man die Stile mischt und ein paar nicht allzu anspruchsvolle, moderne Elemente hinzufügt.

Es gibt natürlich auch sehr schöne moderne Möbel, die sich für das Schlafzimmer einer Stadtwohnung eignen. Moderne Möbel sind im allgemeinen einfach in der Form, haben glatte Oberflächen und – abgesehen von Polstern – wenig Farbe. Sie wirken entweder durch ihre Silhouette oder durch die Schönheit der Holzmaserung. Ihre Schlichtheit läßt eine heitere, entspannte Atmosphäre aufkommen.

Das Bett im urbanen Wohnstil

Wenn man Raum sparen will, tarnt man das Bett am besten als Sofa. Die Idee erscheint sehr neu und besonders im Hinblick auf zu enge Stadtwohnungen konzipiert zu sein, hat aber – wie fast alles – eine lange Geschichte. Der Chronist John Evelyn berichtete 1644 von zwei »wahnwitzigen Stühlen« in Rom, die man in »ein Bett, eine Bettrolle, einen Tisch und eine Couch« verwandeln konnte – das heißt, diese Stücke boten noch mehr Verwandlungsmöglichkeiten als die heutige simple Kombination der Bettcouch.

Das Bett in einer Stadtwohnung ist häufig nicht mehr als eine schnittige Couch. Mit einem Quilt und einem Haufen Kissen wird es zur Oase der Bequemlichkeit. Die einfache Couch ist zwar noch immer sehr beliebt, aber in vielen urbanen Schlafzimmern experimentiert man schon mit den Möglichkeiten, die die sehr dekorativen Betten vergangener Stilepochen bieten. Besonders Empire- und Biedermeierbetten sind in Verbindung mit einer neutralen Ausstattung sehr gefragt, denn die klaren Linien und die straffen Formen von Empire- und Biedermeiermöbeln kommen dem Charakter moderner Ausstattungen sehr entgegen. Auch die Betten im Kolonialstil, die einst für die Beamten des britischen Weltreiches geschaffen wurden, haben etwas Modernes an sich mit ihrem flachen Schnitzdekor und den Füllungen aus Korbgeflecht an Kopf- und Fußbrettern.

Das Interessanteste an der neuen Entwicklung ist der Trend zum Baldachin im urbanen Wohnstil. Baldachinbetten in Gestalt von Vierpfostenbetten waren schon immer sehr beliebt bei Ausstattungen im Landhausstil oder in einer der historischen Stilarten, aber erst heute hat man entdeckt, daß Baldachinbetten in einem urbanen Schlafzimmer stark wirken können. Ein dreieckiger Baldachin, der von einer kurzen Gardinenstange an der Wand über dem Kopfende des Bettes herabfällt und nach beiden Seiten in einem flachen Bogen ausschwingt, wo er von je einer kurzen Stange gehalten wird, erzeugt die passende Atmosphäre. Man kann den Baldachin mit einem kontrastierenden Stoff füttern und in Fächerfalten legen, so daß seine rustikale Unberührtheit zur Raffinesse wird. Die Wirkung solcher Baldachinbetten in Stadtwohnungen ist sorgfältig kalkuliert, sie sollen weder »feminin« noch »maskulin« wirken, sondern einen Hauch von gespielter Schlichtheit verbreiten, aber nur so viel, daß es gerade noch chic ist.

Das Bett im Kolonialstil mit dem Schnitzdekor und den Füllungen aus Korbgeflecht hat einen starken, eigenwilligen Charakter, paßt sich aber durchaus seiner modernen Umgebung an.

Laura-Ashley-Shops

AUSTRALIEN

The Gallerie
Gawler Place
Adelaide
South Australia 5000

1036 High Street
Armadale
Victoria
Australia 3134

Shop 84
Wintergarden
171 Queen Street
Brisbane
Queensland
Australia 4000

Ship 58
The Gallery
Lemon Grove
Victoria Avenue
Chatswood
N.S.W.
Australia 2067

3 Transvaal Avenue
Double Bay
N.S.W.
Australia 2028

Shop 49
Market Square
Moorabool Street
Geelong
Victoria
Australia 3220

Centrepoint
209 Murray Street
Hobart
Tasmania 7000

179 Collins Street
Melbourne
Victoria
Australia 3000

City Arcade
Hay Street Level
Perth
Western Australia 6000

114 Castlereagh Street
Sydney
Australia

Mezzanine Level –
Centrepoint
Castlereagh Street
Sydney
Australia

BELGIEN

Frankrijklei 27
2000 Antwerpen

Le Grand Sablon 31
1000 Brüssel
(Decorator Showroom)

BUNDESREPUBLIK DEUTSCHLAND

Holzgraben 1–3
5100 Aachen

Karlsstraße 15
8900 Augsburg

Im KaDeWe
Tauentzienstraße 21–24
1000 Berlin 30

Niedernstraße 14
4800 Bielefeld

Sögestraße 54
2800 Bremen 4

Hunsrückstraße 43
4000 Düsseldorf

Goethestraße 3
6000 Frankfurt 1

Neuer Wall 73–75
2000 Hamburg

Georgestraße 36
3000 Hannover

Kaiserstraße 187
7500 Karlsruhe

Hohestraße 160–168
5000 Köln

Ludgeriestraße 79
4400 Münster

Sendlinger Straße 37
8000 München

Ludwigsplatz 7
3500 Nürnberg

Breite Straße 2
7000 Stuttgart 1

Langgasse
6200 Wiesbaden

FRANKREICH

4 Rue Joseph Cabassol
13100 Aix en Provence

2 Place du Palais
Porte Cailhau
33000 Bordeaux

Centre Commercial
»Grand Var«
Avenue de l'Université
83160 La Valette
(Au Printemps)

Niveau 1
Centre Commercial Parly 2
Avenue Charles de Gaulle
78150 Le Chesnay
(Au Printemps)

Rez de Chaussée
39–45 Rue Nationale
59800 Lille
(Au Printemps)

98 Rue Président Edouard
Herriot
69002 Lyon

2ième Etage
6 Avenue Jean Medicin
0600 Nice

1er Etage
40 Bld Haussmann
75009 Paris
(Galeries Lafayette)
Clothes only

5ième Etage
40 Bld Haussmann
75009 Paris
(Galeries Lafayette)
Home Furnishings

Le Printemps de la Mason
7ième Etage
64 Bld Haussmann
75009 Paris

95 Avenue Raymond
Poincaré
75016 Paris

94 Rue de Rennes
75006 Paris

261 Rue Saint Honoré
75001 Paris

34 Rue de Grenelle
75007 Paris

5ième Etage
1–5 Rue de la Haute Montée
67004 Strasbourg Cedex

2 Rue du Temple Neuf
67000 Strasbourg

50 Rue Boulbonne
31000 Toulouse

Niveau 3
Avenue de l'Europe
Centre Commercial Velizy II
78140 Velizy
Villacoublay
(Au Printemps)

GROSSBRITANNIEN

191–197 Union Street
Aberdeen

10 Hale Leys
Aylesbury

The Bear Inn
Market Place
Banbury

Winchester Road
Basingstoke
(Sainsbury's Homebase)

The Old Red House
8–9 New Bond Street
Bath

Pines Way
Bath
(Sainsbury's Homebase)

75 High Street
Bedford

14–16 Priory
Queensway
Birmingham

147 New Street
Birmingham
Clothes only

80 Old Christchurch Road
Bournemouth

762 Harrogate Road
Bradford
(Sainsbury's Homebase)

Ashley Road
Parkstone
Branksome
Poole
(Sainsbury's Homebase)

45 East Street,
Brighton

62 Queens Road
Clifton
Bristol

39 Broadmead
Bristol

1 The Lexicon Cornhill
Bury St Edmunds

14 Trinity Street
Cambridge

41–42 Burgate
Canterbury

5 High Street
Cardiff

Colchester Avenue
off Newport Road
Roath
Cardiff
(Sainsbury's Homebase)

3–4 Grapes Lane
Carlisle

10–13 Grays Brewery Yard
Springfield Road
Chelmsford

100 The Promenade
Cheltenham

17–19 Watergate Row
Chester

32 North Street
Chichester

1 Trinity Square
Chichester

St Andrews Avenue
Colchester
(Sainsbury's Homebase)

Junction Fletchampstead
Highway & Sir Henry
Parks Road
Coventry
(Sainsbury's Homebase)

Stadium Way
Crayford
(Sainsbury's Homebase)

8 Albert Street
Derby

129–131 Terminus Road
Eastbourne

137 George Street
Edinburgh

126 Princes Street
Edinburgh

41–42 High Street
Exeter

The Barn
Lion & Lamb Yard
Farnham

Metro Centre
Gateshead

84–90 Buchanan Street
Glasgow

215 Sauchiehall Street
Glasgow

St Oswalds Road
Gloucester
(Sainsbury's Homebase)

Old Cloth Hall
North Street
Guildford

3–5 James Street
Harrogate

3–4 Middle Street
Horsham

Priory Sidings
Sainsbury Way
Hesle Road
Hessle
Hull
(Sainsbury's Homebase)

Felixstowe Road
Ipswich
(Sainsbury's Homebase)

17 Buttermarket
Ipswich

108 The Parade
Leamington spa

Church Institute
9 Lands Lane
Leeds

King Lane
Moortown
Leeds
(Sainsbury's Homebase)

6 Eastgate
Leicester
(Sainsbury's Homebase)

19–23 Cavern Walks
Matthew Street
Liverpool

30 Great Oak Street
Llanidloes

London:

256–258 Regent Street
Oxford Circus
London w1

35–36 Bow Street
London wc2

7–9 Harriet Street
London sw1

71–73 Lower Sloane Street
London sw1
(Decorator Showroom)

157 Fulham Road
London sw3

D6/V13 Brent Cross
Shopping Centre
Brent Cross
London nw4

90–92 High Street
Bromley

10 Beckenham Hills Road
Catford
London se6
(Sainsbury's Homebase)

11 Drummond Place
Croydon

66A Purley Way
Croydon
(Sainsbury's Homebase)

Unit 17
Waterglade Centre
Ealing
London w5

36–37 High Street
Hampstead
London nw3

Rookery Way
The Hyde
Hendon
London nw9
(Sainsbury's Homebase)

714–720 High Road
Seven Kings
Ilford
(Sainsbury's Homebase)

Macmillan House
The Old Town Hall
Kensington
London w8

32–33 Market Place
Kingston-Upon-Thames

229–253 Kingston Road
New Malden
(Sainsbury's Homebase)

3 Station road
New Southgate
London w8
(Sainsbury's Homebase)

45 Oakfield Road
off Penge High Street
Penge
London se20
(Sainsbury's Homebase)

68 George Street
Richmond

3–4 Times Square
Sutton

2c Fulborne Road
Walthamstow
London e17
(Sainsbury's Homebase)

473 High Street
Willesden
London nw10
(Sainsbury's Homebase)

8–10 King Street
Maidstone

28 King Street
Manchester

48 Linthorpe Road
Middlesbrough

40–42 Midsummer Arcade
Milton Keynes

45 High Street
Newcastle-Under-Lyme

8 Nelson Street
Newcastle-Upon-Tyne

Victoria Promenade
Northampton
(Sainsbury's Homebase)

19 London Street
Norwich

58 Bridlesmith Gate
Nottingham

Castle Marina Park
Castle Boulevard
Nottingham
(Sainsbury's Homebase)

50 Halesowen Street
Oldbury
(Sainsbury's Homebase)

26–27 Cornmarket
Oxford

26–27 Little Clarendon Street
Oxford

189–191 High Street
Perth

Unit 90
Queensgate Centre
Peterborough

The Armada Centre
Plymouth

Claydon's Lane
Rayleigh Weir
(Sainsbury's Homebase)

75–76 Broad Street
Reading

50 Kenavon Drive
Reading
(Sainsbury's Homebase)

13 Market Place
St Albans

49–51 New Canal
Salisbury

87 Pinstone Street
Sheffield

65 Wyle Cop
Shrewsbury

2 Above Bar Church
High Street
Southampton

Lordshill Shopping Centre
Southampton
(Sainsbury's Homebase)

107 High Street
Southend

465–467 Lord Street
Southport

41–42 Henley Street
Stratford-Upon-Avon

Unit 4, 164 The Parade
Grace Church Centre
Sutton Coldfield

Quay Parade
Swansea
(Sainsbury's Homebase)

19E Regent Street
Swindon

2–4 High Street
Taunton

19–21 High Street
Tenterden

61 Calverley Road
Tunbridge Wells

Ing's Road
Wakefield
(Sainsbury's Homebase)

Junction Bradford &
Midland Road
Walsall
(Sainsbury's Homebase)

Sturlas Way
Waltham Cross
(Sainsbury's Homebase)

50 Halesowen Street
Warley
West Midlands

Unit 3
1–7 The Parade
High Street
Watford

114 St Albans Road
Watford
(Sainsbury's Homebase)

17 Grove Street
Wilmslow

10 The Square
Winchester

32 Peascod Street
Windsor

Crown Passage
Broad Street
Worcester

Hylton Road
Worchester
(Sainsbury's Homebase)

Unit 28
Vicarage Walk
Quedam Centre
Yeovil

7 Daveygate
York

Junction Monkgate/Foss Bank
York
(Sainsbury's Homebase)

IRLAND

60–61 Grafton Street
Dublin

ITALIEN

4 Via Brera
20121 Mailand

JAPAN

8–22 Hondori
Naka-Ku
Hiroshima-Shi

2–4–14 Honcho
Kichijoji
Musashino-Shi

1–26–19 Jiugaoka
Meguro-Ku
Tokio

KANADA

Sherway Gardens
Etobicoke
Ontario
m9c 1b2

2110 Crescent Street
Montreal
Quebec
h3g 2b8

136 Bank Street
Ottawa
Ontario
k1p 5n8

2452 Wilfred Laurier Bld
Ste-Foy
Quebec
g1v 2l1

18 Hazelton Avenue
Toronto
Ontario
m5r 2e2

1171 Robson Street
Vancouver
British Columbia
v6e 1b5

Bayview Village Shopping
Center
2901 Bayview Avenue
Willowdale
Ontario
m2k 1e6

Mail order:
Laura Ashley
5165 Sherbrook Street W.
Suite 124
Montreal
Quebec
h4a 1t6

NIEDERLANDE

Leidestraat 7
1017 ns Amsterdam

Bakkerstraat 17
6811 eg Arnheim

Demer 24A
5611 as Eindhoven

Papestraat 17
2513 av s-Gravenhage

M. Brugstraat 8
6211 gk Maastricht

Lijnbaan 63
3012 el Rotterdam

Oude Gracht 141
3511 aj Utrecht

ÖSTERREICH

Judengasse 11
Salzburg

Weinburgasse 5
1010 Vienna

SCHWEIZ

Stadhausgasse 18
4051 Basel

8 Rue Verdaine
1204 Genf

Augustinergasse 21
8001 Zürich

Augustinergasse 42–44
8001 Zürich

VEREINIGTE STAATEN

Crossgates Mall
120 Washington Avenue
Extension
Albany, ny 12203

139 Main Street
Annapolis, md 21401

514 East Washington Street
Ann Arbor, mi 48104

29 Surburban Square
Ardmore, pa 19003

Lenox Square
3393 Peachtree Road
Atlanta, ga 30326

Perimeter Mall
4400 Ashford-Dunwoody
Road
Atlanta, ga 30346

Highland Mall 1224
6001 Airport Boulevard
Austin, tx 78752

Pratt Street Pavilion
Harborplace
Baltimore, md 21202

203 Beachwood Place
26300 Cedar Road
Beachwood, oh 44122

200–219 Riverchase
Galleria Mall
Birmingham, al 35244

180 Town Center Mall
Boca Raton, FL 33431

83 Newbury Street
Boston, MA 02116

23 Church Street
Burlington, VT 05401

Charles Square
5 Bennett Street
Cambridge, MA 02138

Carmel Plaza
Carmel-by-the-sea,
CA 93921

Charleston Place
130 Market Street
Charleston, SC 29401

The Mall at Chesnut Hill
199 Boylston Street
Chesnut Hill, MA 02167

Watertower Place
835 N. Michigan Avenue
Chicago, IL 60611

The Citadel
750 Citadel Drive E. 2008
Colorado Springs, CO 80909

1636 Redwood Highway
Corte Madera, CA 94925

3333 Bristol Street
South Coast Plaza
Costa Mesa, CA 92629

Galleria 13350 Dallas Parkway
Suite 1585
Dallas, TX 75240

423 North Park Center
Dallas, TX 75225

Danbury Fair Mall C-118
7 Backus Avenue
Danbury, CT 06810

1439 Larimer Street
Denver, CO 80202

The Kaleidoscope at the Hub
555 Walnut Street
Suite 218
Des Moines, IA 50309

Twelve Oaks, Mall
27498 Novi Road
Suite A
Detroit, MI 48056

Galleria Shopping center
3505 West 69th Street
Edina, MN 55435

11822 Fair Oaks Mall
Fairfax, VA 22033

West Farms Mall
Farmington, CT 06032

2492 E. Sunrise Boulevard
Galleria Mall
Fort Lauderdale, FL 33304

213 Hulen Mall
Fort Worth, TX 76132

58 Main Street
Freeport, ME 04032

Saddle Creek Shopping Center
7615 W. Farmington
Boulevard
Germanton, TN 38138

Glendale Galleria
Glendale, CA 91210

Woodland Mall
3175 28th Street S.E.
Grand Rapids, MI 49508

321 Greenwich Avenue
Greenwich, CT 06830

Riverside Square Mall
Hackensack, NJ 07601

Ala Moana Center 2246
Honolulu, HI 96814

The Galleria
5015 Westheimer
Suite 2120
Houston, TX 77056

1000 West Oaks Mall
Suite 124
Houston, TX 77082

Fashion Mall
8702 Keystone Crossing
Indianapolis, IN 46240

The Jacksonville Landing
2 Independent Drive
Jacksonville, FL 32202

Country Club Plaza
308 W. 47th Street
Kansas City, MO 64112

The Esplanade
1401 W. Esplanade
Kenner, LA 70065

White Flint Shopping Mall
11301 Rockville Pike
Kensington, MD 20895

7852 Girard Avenue
La Jolla, CA 92037

Pavilion in the Park
8201 Cantrell Road
Little Rock, AR 72207

10250 Santa Monica
Boulevard
Los Angeles, CA 90067

Beverly Center
121 N. La Cienaga Boulevard
Suite 739
Los Angeles, CA 90048

Louisville Galleria 109
Louisville, KY 40202

2042 Northern Boulevard
Americana Shopping Center
Manhasset, NY 11030

Tysons Corner Center
1961 Chain Bridge Road
McLean, VA 22102

The Falls
Space 373
8888 Howard Drive
Miami, FL 33176

The Grand Avenue
275 W. Wisconsin Avenue 5
Milwaukee, WI 53203

208 City Center
40 South 7th Street
Minneapolis, MN 55402

Ridgedale Center
12401 Wayzota Boulevard
Minnetonka, MN 55343

The Mall at Green Hills
2148 Abbot Martin Road
Nashville, TN 37215

260–262 College Street
New Haven, CT 06510

333 Canal Street
151 Canal Place
New Orleans, LA 70130

714 Madison Avenue
New York, NY 10021
(Decorator Showroom)

398 Columbus Avenue
New York, NY 10024

4 Fulton Street
New York, NY 10038

21 East 57th Street
New York, NY 10021

2164 Northbrook Court
Northbrook, IL 60062

224 Oakbrook Center
Oakbrook, IL 60521

Owings Mills Town Center
10300 Mill Run Circle 1062
Owings Mills, MD 21117

320 Worth Avenue
Palm Beach, FL 33480

469 Desert Fashion Plaza
123 North Palm Canyon Drive
Palm Springs, CA 92262

12 Stanford Shopping Center
Palo Alto, CA 94304

221 Paramus Park
Route 17
Paramus, NJ 07652

401 South Lake Avenue
Pasadena, CA 91101

1721 Walnut Street
Philadelphia, PA 19103

Biltmore Fashion Park
2478 E. Camelback Road
Phoenix, AZ 85016

20 Commerce Court
Station Square
Pittsburgh, PA 15219

1000 Ross Park Mall
Pittsburgh, PA 15237

2100 Collin Creek Mall
811 No. Central Expressway
Plano, TX 75075

419 S.W. Morrison Street
Portland, OR 97204

46 Nassau Street
Palmer Square
Princeton, NJ 08544

2 Davol Square Mall
Point & Eddy Street
Providence, RI 02903

Crabtree Valley Mall
4325 Glenwood Avenue
Raleigh, NC 27612

South Bay Galleria
1815 Hawthorne Boulevard
Space 172
Redondo Beach, CA 90278

Commercial Block
1217 E. Cary Street
Richmond, VA 23219

Regency Square Mall
1404 Parham Road
Richmond, VA 23229

Northpark Mall
1200 East Country Line Road
Ridgeland, MI 39157

531 Pavilions Lane
Sacramento, CA 95825

74 Plaza Frontenac
St Louis, MO 63131

St Louis Center C-330
515 N. 6th Street
St Louis, MO 63101

Trolley Square
Salt Lake City, UT 84102

247 Horton Plaza
Space 265
San Diego, CA 92101

University Town Center
San Diego, CA 92122

1827 Union Street
San Francisco, CA 94123

563 Sutter Street
San Francisco, CA 94102
(Decorator Showroom)

Suite 1224
North Star Mall
7400 San Pedro
San Antonio, TX 78216

Le Cumba Galleria
3891 State Street 109
Santa Barbara, CA 93105

Valley Fair Mall
Suite 1031
2855 Stevens Creek Boulevard
Santa Clara, CA 95050

696 White Plains Road
Scarsdale, NY 10583

F-331 Woodfield Mall
Schaumburg, IL 60173

405 University Street
Seattle, DC 98101

The Mall at Short Hills
Short Hills, NJ 07078

20 Old Orchard Shopping
Center
Skokie, IL 60077

Stamford Town Center
100 Greyrock Place
Stamford, CT 06902

139 Main Street
Stony Brook, NY 11790

Old Hyde Park Village
718 S. Village Circle
Tampa, FL 33606

2845 Somerset Mall
Troy, MI 48084

Utica Square
1846 21 Street
Tulsa, OK 74114

1171 Broadway Plaza
Walnut Creek, IA 94596

3213 M. Street NW
Georgetown
Washington, DC 20007

85 Main Street
Westport, CT 06880

Bullocks Westwood Shops
10861 Weyburn Avenue
Westwood, CA 90025

422 Duke of Gloucester Street
Williamsburg, VA 23185

290 Park Avenue North
Winter Park
Florida 32789

740 Hanes Mall
Winston-Salem, NC 27103

279 Promenade Mall
Woodland Hills, CA 91367

108 Worthington Square Mall
Worthington, OH 43085

Mail order:
Laura Ashley Inc.
1300 MacArthur Boulevard
Mahwah, NJ 07430

Händler

18 Ioannou Metaxa Street
Glyfada
Athens
Greece

28 Herodotou Street
10673 Kolonaki
Athens
Greece

Engen 51
5000 Bergen
Norway

P.O. Box 7910
Sheikh Rashid Building
Zabeel Road
Dubai
United Arab Emirates

29 Wyndham Street
Central
Hongkong

Riddervoldsgate 10B
Oslo 2
Norway

De Gruchys
King Street
St Helier
Jersey

36 Le Bordage
St Peter Port
Guernsey

300–301 Eachon-Dong
Yongssan-Kij
Seoul
South Korea

Yliopistonkatu 33
SF-20100 Turku 10
Finnland

Bibliographie

Fowler, John and Cornforth, John, *English Decoration in the Eighteenth Century,* Barrie & Jenkins, 1974

Gray, Cecil and Margery, *The Bed,* Nicholson & Watson, 1946

Harries, Eileen, *Going to Bed,* Victoria & Albert Museum, 1981

Jackson-Stops, Gervase, *The English Country House: A Grand Tour,* The National Trust/Weidenfeld & Nicolson, 1985

Thornton, Peter, *Innenarchitektur in drei Jahrhunderten, Busse Seewald 1985*

Bildnachweis

Die Veröffentlichung der Photos erfolgte mit freundlicher Genehmigung des Laura-Ashley-Archivs, mit Ausnahme der folgenden:

8/9 Bridgman Art Library
Mary Ellen Best, *Schlafzimmer in Langton Hall,* um 1835
9 Entwurf für ein elisabethanisches Schlafzimmer, 1917 von Waring & Gillow; Mary Evans Picture Library
10 Ronald Sheridan
11 Victoria & Albert Museum, London
12 Mit freundlicher Genehmigung von Spink & Son Ltd.
13 National Trust (Foto: Mark Fiennes)
14 Mit freundlicher Genehmigung des Herzogs von Norfolk
15 Bridgman Art Library
16 Victoria & Albert Museum, London
17 Victoria & Albert Museum, London/Bridgman Art Library
19 OBEN: Mary Evans Picture Library
RECHTS: Victoria & Albert Museum, London
22 Mimi Packenham
24 RECHTS: mit freundlicher Genehmigung von Hazlitt, Gooden & Fox
33 OBEN: J. P. Stevens & Co, Inc., New York
UNTEN: Syndication International *(Homes & Gardens)*
35 RECHTS: J. P. Stevens & Co. Inc., New York
37 Fotobank
38 Elizabeth Whiting & Associates (Foto: David Cripps)
39 Arcaid (Foto: Lucinda Lambton)
40 UNTEN: Elizabeth Whiting & Associates (Foto: David Cripps)
42 Geffrye Museum
43 OBEN: American Museum in Britain, Bath
44 LINKS: Archiv von Weidenfeld & Nicholson (Foto: Rick Kemp)
47 J. P. Stevens & Co. Inc., New York
48 J. P. Stevens & Co. Inc., New York
50 J. P. Stevens & Co. Inc., New York
51 Archiv von Weidenfeld & Nicholson (Foto: Robert César)
53 J. P. Stevens & Co. Inc., New York
54 J. P. Stevens & Co. Inc., New York
57 Derry Moore
58 LINKS: Victoria & Albert Museum, London
RECHTS: National Trust
62 Arcaid (Foto: Lucinda Lambton)
63 J. P. Stevens & Co. Inc., New York
66 Arcaid (Foto: Lucinda Lambton)
70 Mary Evans Picture Library
71 LINKS: National Trust
RECHTS: Victoria & Albert Museum, London
72 LINKS: Mary Evans Picture Library
RECHTS: Archiv von Weidenfeld & Nicholson
74 J. P. Stevens & Co. Inc., New York
77 Arcaid (Foto: Lucinda Lambton)
83 UNTEN LINKS: National Trust
88 OBEN LINKS: Victoria & Albert Museum, London
90 J. P. Stevens & Co. Inc., New York
92 Mary Evans Picture Library
93 Victoria & Albert Museum, London
94 OBEN: Victoria & Albert Museum, London
98/99 J. P. Stevens & Co. Inc., New York
100 LINKS UND OBEN: J. P. Stevens & Co. Inc., New York
104 RECHTS: Elizabeth Whiting & Associates (Foto: Tim Street Porter)

Der Verlag und Laura Ashley danken David Ross für die Entwürfe auf den Seiten 25–29.

Glossar

»arabisches« Bett: Halbhimmelbett; sehr beliebt im viktorianischen England, bezeichnend für die Vorliebe der Viktorianer für das Exotische. Die Baldachine wurden mit üppigen Draperien mit Fransen und Quasten dekoriert.

Bargello-Arbeit: Nadelarbeit, bei der jedes Musterelement, meist spitz oder flammenähnlich, in einer Farbe mit verschiedenen Abstufungen gestickt ist. In England wurde vor allem Stickwolle verwendet. Hauptsächlich für Polstermöbel verwendet.

Bett im Kolonialstil: Im 19. Jahrhundert häufig aus tropischen Hölzern mit Füllungen aus Korbgeflecht an Kopf- und Fußbrett gefertigtes Bett.

Betthimmel des Vierpfostenbettes: Ursprünglich hatte das Vierpfostenbett einen schlichten, flachen Holzrahmen, an dem der Betthimmel befestigt wurde. Daraus entwickelte sich eine flache Holzstruktur mit Schnitzdekor und Paneelen. Im 17. Jahrhundert waren vorübergehend leichtere Versionen gebräuchlich, die im Barock Rahmen mit reichem Schnitzdekor wichen, die mit üppigen Draperien verkleidet wurden. Seit Mitte des 18. Jahrhunderts bestehen die Holzrahmen aus ornamentierten Profilleisten, an denen die Vorhänge und die Querbehänge befestigt werden.

Chintz: glasierter Baumwolldruckstoff.

Fiale: schlankes, spitzes Türmchen; in diesem Zusammenhang als Ornament auf den Pfosten eines Vierpfostenbettes.

Flammenstich: Stickart, die im 16. Jahrhundert gern für Bettvorhänge verwendet wurde. Die Motive – gewöhnlich in Form von Flammen – werden in verschiedenen Schattierungen der gleichen Farbe ausgestickt.

Halbhimmelbett: Der flache Baldachin hat die Größe von einem Viertel oder einem Drittel der Bettoberfläche, er wurde nur am Kopfende befestigt. Im Mittelalter gebräuchlich, danach wieder im 18. und 19. Jahrhundert.

Kronenbaldachin: Betthimmel, der um eine kronenartigen Struktur aus Holz oder Metall drapiert wird, die an der Decke hängt oder wie eine Konsole an der Wand befestigt wird.

Krüwelstickerei: Stickart, die Ende des 16. und im 17. Jahrhundert in England beliebt war. Man verwendete hart gezwirnte Wollfäden und ungebleichte Baumwoll- und Leinengewebe als Grundstoff.

Lambrequin: Querbehang für eine Fenster- oder Bettdekoration aus steifem Material. Die untere Kante wurde phantasievoll ausgeschnitten, die beiden äußeren Enden wurden tief heruntergezogen und reichten zum Teil bis auf den Fußboden.

Lit à la polonaise: Baldachinbett aus dem 18. Jahrhundert. Die Draperien waren an einer runden Struktur befestigt und wurden von s-förmig geschwungenen Eisenstangen gestützt. Es hat sich aus deutschen und osteuropäischen Bettformen des 17. Jahrhunderts entwickelt.

Lit en bateau: Bootförmiges Bett, war im Empire in Mode.

Lit en double tombeau: Baldachinbett mit einer Drapierung, die von einer Gardinenstange am Kopfende des Bettes herunterhängt und an beiden Ecken des Kopfendes nach vorn herumgezogen wird.

Moiré: Seidenstoff mit einem Effekt, der rieselndem Wasser gleicht.

Rollbett: Niedriges Bett auf Rädern für Kinder oder Bedienstete. Tagsüber wurde es unter das Vierpfostenbett geschoben. War in der Tudorzeit gebräuchlich.

Trussing bed: Im 16. und 17. Jahrhundert reiste die Nobility häufig von einem Landsitz zum anderen. Zu diesem Zweck hatte man spezielle Reisebetten konstruiert, die zusammengelegt und auf Reisen mitgeführt werden konnten.

Vierpfostenbett: In der Tudorzeit und der elisabethanischen Epoche hatte das Vierpfostenbett nur zwei Pfosten. Der Betthimmel wurde von den zwei Pfosten am Fußende und von dem hohen Kopfbrett gehalten. Heute hat das Vierpfostenbett wirklich vier Pfosten.

Zeltbett: Variante des Feldbettes aus dem 18. Jahrhundert mit leichtem Rahmen und zeltförmig drapiertem Baldachin.

Register